Heidrun 94

Weisheit des Islam

Ausgewählt, übersetzt
und herausgegeben
von Annemarie Schimmel

Mit 19 Abbildungen

Philipp Reclam jun. Stuttgart

Universal-Bibliothek Nr. 40023

Einbandgestaltung: Werner Rüb, Bietigheim-Bissingen
unter Verwendung eines Gemäldes:
Prinz in Unterhaltung mit Philosophen, Indien, um 1635
Gesamtherstellung: Wilhelm Röck, Weinsberg
Printed in Germany 1994

ISBN 3-15-040023-6

Inhalt

Einleitung

'Ali wurde gefragt, was das Gute sei, und er antwortete:

> Gutes ist nicht, daß du viel Geld und viele Kinder hast, oder daß du viel Wissen und große Milde besitzt, oder daß du dich vor den Menschen deines Gottesdienstes rühmst und, wenn du etwas Gutes getan hast, Gott lobst, und wenn du etwas Schlechtes getan hast, Gott um Verzeihung bittest.
> Es gibt nicht Gutes in der Welt außer für zwei Menschen: einen, der gesündigt hatte und seine sündigen Taten durch Reue wieder in Ordnung bringt, und einen, der eilt, um gute Werke zu tun.

Diese Worte stellen ein treffendes Motto für die Weisheitsworte aus der islamischen Welt dar, denn sie drücken ein Hauptanliegen des orientalischen Menschen aus. Der Koran lobt ja diejenigen, die das Gute befehlen und am Verbotenen hindern (Sura 3,110; 31,17), und so schwingen auch die Worte der Lehre und Weisheit zwischen dem Lob der ehrlichen, genügsamen Haltung und dem Tadel für solche, die sich allzusehr den Fängen der Welt überlassen und dabei ihr Gottvertrauen, ja ihren Glauben vergessen, die undankbar und ungeduldig sind und sich selbst das Verdienst für ihre Handlungen zuschreiben – so wie es der Koran in immer neuen Wendungen wiederholt.

Das Wort, das wir an den Anfang gestellt haben, wird 'Ali ibn Abi Talib zugeschrieben, dem Vetter und

Schwiegersohn des Propheten Muhammad und vierten Kalifen, der 656 zur Regierung kam und fünf Jahre später ermordet wurde. Für diejenigen Muslime, welche die *schīʿat ʿAli*, die »Partei ʿAlis« bilden, die Schiiten, ist ʿAli der erste in der Linie der gottgeleiteten Führer der Gemeinschaft (Imame), Inbegriff aller Tugenden, Hort der Weisheit und Held im Kampf. »Ich bin die Stadt des Wissens, und ʿAli ist ihre Pforte«, soll der Prophet gesagt haben, und die Verehrung ʿAlis geht weit über die Kreise der Schiiten hinaus. So ist es kein Wunder, daß die dem so Gepriesenen zugeschriebenen Weisheitsworte und Predigten gesammelt wurden: asch-Scharif ar-Rida (gest. 1015) stellte ʿAlis Worte im *Nahǧ al-balāgha*, einer umfangreichen Sammlung, zusammen, die sich durch ihren knappen und biegsamen arabischen Stil auszeichnet und gerade deswegen – wie viele der schönsten arabischen Prosawerke – kaum adäquat zu übersetzen ist. Dieser Stil aber macht den besonderen Reiz nicht nur des *Nahǧ al-balāgha*, sondern aller guten Sammlungen kluger, belehrender und gleichzeitig unterhaltender Werke aus, die man generell als *adab*-Werke bezeichnet, denn: *al-iʿǧāz īǧāz*, »unnachahmliche Eloquenz liegt in der Kürze«.

Die ʿAli zugeschriebenen Sprüche sind in der Regel ernst und kritisch; sie vertreten einen Typus, der schon in der vorislamischen und frühislamischen Überlieferung in den Aussprüchen der Stammesältesten, den Worten der Weisen auftritt. Ähnlich steht es mit den *ḥadīth*, den Worten des Propheten und Berichten über seine Handlungen, in denen auch die kleinsten Einzelheiten seines Lebens überliefert wer-

den. Nach intensiver Prüfung wurden aus den ungezählten in Umlauf befindlichen *ḥadīth* die als echt befundenen im 9. Jahrhundert in umfangreichen Sammlungen zusammengestellt. Die bedeutendste dieser Sammlungen, die von Buchari (gest. 870), steht nur dem Koran an Wichtigkeit nach; denn durch die genaue Nachahmung des vom Propheten Getanen oder Gebilligten hofften die Gläubigen, auf dem rechten Pfade zu wandeln. Freilich dürfte eine kritische Scheidung zwischen echten und unechten *ḥadīth* kaum je gelingen. In unserem Zusammenhang sind besonders wichtig diejenigen *ḥadīth*, die von den Sufis, den Mystikern des Islams, immer wieder zitiert wurden und sich weniger mit rituellen und rechtlichen Problemen befassen als mit der ethischen Haltung des Menschen, den Möglichkeiten zu seiner inneren Entwicklung. Unter ihnen finden sich viele der schönsten und tiefsten Weisheitsworte, an denen sich die Frommen bis heute aufrichten und von denen sie sich in der Wirrsal der Welt leiten lassen.
Bereits in früher Zeit entwickelte sich auch die schon erwähnte Literaturgattung des *adab*, das mit »feine Bildung, Anstand« und im Plural *ādāb* als »lobenswerte Sitten« übersetzt werden kann. Es waren Sammlungen von Lebensweisheiten, nicht in strenger und ernster Form logisch und wissenschaftlich vorgetragen, sondern in einem leichteren, gefälligeren Stil dargeboten. Der persischstämmige Ibn al-Muqaffaʿ (gest. 756) gilt als der erste, der diese Art von Literatur einführte, und die Tatsache, daß er die ursprünglich indischen Fabeln von *Kalilah und Dimnah*, den beiden Schakalen, aus dem Persischen ins Arabische

übertrug, weist auf eine wichtige Entwicklung hin: persische Weisheit wurde in die arabische Welt eingeführt. Und wenn im alten Arabien und auch im Koran (Sura 31) der weise Loqman belehrende Sprüche äußert, und wenn in Sura 27 der kluge Wezir König Salomons (in der Überlieferung Asaf genannt) zitiert wird, so tritt nun neben diesen der Wezir des persischen Herrschers Chusrau Anuschirwan, der weise Buzurgmihr, der in zahlreichen Anekdoten seinen Herrn belehrt.
Ebenso fanden bald hellenistische Weisheitsworte ihren Weg in die islamische Überlieferung; wie Dimitri Gutas gezeigt hat, sind einige griechische Gnomologien höchst wichtige Quellen für die islamische *adab*-Literatur. Dazu kommt der im ganzen Orient in verschiedenen Fassungen verbreitete Alexanderroman, und so erscheinen *Iskandar*, »der Zweigehörnte«, und die ihn umgebenden Philosophen immer wieder in der Literatur, am klarsten in dem großen, zweiteiligen *Iskandarnāma* des persischen Dichters Nizami (gest. 1209).
Adab sollte angenehm zu lesen sein; und nach Ibn al-Muqaffa' führte die literarische Tradition zu Dschahiz, »dem Glotzäugigen« (gest. 869), dem wohl vielseitigsten *adab*-Schriftsteller. Die angenehme Mischung von Wissen, Information und Didaktik machte diese Art Literatur zu einem Lieblingsgenre des islamischen Mittelalters in Ost und West, im Arabischen wie später auch im Persischen, Türkischen und, sehr spät, im Urdu.
Neben den allgemeinen *adab*-Werken gab es auch das besondere Genre guter Ratschläge für Mitglieder der

einzelnen Berufe, wobei besonders das *adab al-kātib*, die »Etikette des Sekretärs«, hervorragt; denn der Sekretär mußte sich durch Stil und umfassende Bildung auszeichnen. Aber auch für Richter und Ärzte, für Sänger und Kalligraphen gab es solche *adab*-Bücher, nicht zu vergessen die Anleitungen für Sufis, die vom richtigen Benehmen beim Essen und Trinken, im Verhältnis zu ihren Brüdern, auf der Reise sowie gegenüber den Mitmenschen und dem Meister berichten. Man kann fast sagen, daß alle großen mittelalterlichen Handbücher des Sufismus, von Sarradschs *Kitāb al-luma'* beginnend bis zu Ghazzalis *Iḥyā' 'ulūm ad-dīn* und zu Abu 'n-Nadschib as-Suhrawardis *Ādāb al-murīdīn* in gewisser Weise als *adab*-Bücher zu bezeichnen sind, und mit vollem Recht hat Fritz Meier seiner Studie von Bacharzis Lehrwerk den Titel *Ein Knigge für Sufis* gegeben.

Eine andere Gruppe solcher für spezielle Personenkreise verfaßten Werke muß gesondert behandelt werden, da sie sich zu einer eigenen Gattung entwickelt hat: das sind die »Ratschläge für Könige«, Fürstenspiegel, die seit dem 11. Jahrhundert nicht nur in der persischen Welt erschienen; auch eines der ersten bekannten mitteltürkischen Bücher, das *Qutadgū Bilig*, gehört zu dieser Gattung, die von zahlreichen Denkern – Philosophen wie Mystikern – verwendet wurde; es genügt, an Nasiraddin Tusis *Akhlāq-i Nāṣirī* oder Sayyid 'Ali Hamadanis (gest. 1385) *Dhachīrat al-Mulūk* zu denken. Eines der feinsten *adab*-Werke in der islamischen Literatur, das alle die obengenannten Eigenheiten – anmutige Lehrhaftigkeit, eleganter Stil, Lebensklugheit und Information – vereint, ist der *Gulistān* Saadis (gest. 1292), des größten moralischen Dichters der persischen Sprache. Bereits Herder schrieb um 1790 über ihn:

> Er scheint die Blüte der moralischen Poesie für seine Sprache, in der er außerordentlich lieblich geschrieben haben soll, gebrochen zu haben [...].

Denn Saadis *Gulistān*, »Rosengarten«, ein in gemischter Prosa und Poesie verfaßtes Werk, »das jedem sagt, was er gern hört« (Hans Heinrich Schaeder), war bereits 1634 in Auswahl durch André Ryer ins Französische, 1654 dann durch Adam Olearius als »Persianischer (!) Rosenthal« ins Deutsche übertragen worden; daneben entstanden weniger wichtige Versionen. Das Werk hat Generationen von Lesern begeistert, Herder und Goethe und später auch Emerson entzückt. Doch nicht nur dieses Büchlein ist ein wahrer Garten voller Weisheitslehren, auch Saadis Epos, der *Būstān*, »Garten«, und seine zahlreichen lyrischen und panegyrischen Gedichte enthalten viele eingängige Weisheitsworte, wie Rückerts Übertragungen deutlich machen. Der *Gulistān* war jahrhundertelang die Pflichtlektüre jedes muslimischen Kindes, das Persisch lernen wollte, und so verbreiteten sich seine Gedanken in der gesamten östlichen islamischen Welt. In den Versen des großen Pathanendichters Chuschhal Chan Chattak (gest. 1689) finden sich viele von Saadi beeinflußte Zeilen, noch ehe einer seiner Söhne den gesamten *Gulistān* aus dem Persischen ins Paschto übertrug.

Daß sich die großen mystischen Dichter, wie Faridaddin 'Attar und vor allem Dschalaladdin Rumi, in ihren Epen der traditionellen lehrhaften Anekdoten bedienten, sie dabei auch manchmal etwas verfremdeten, ist ganz natürlich. Doch herrscht in ihren Werken als Ziel die reine Hinwendung zu Gott vor, Gebetsgedichte und Gotteslob; und auch die profansten Lehrgeschichten werden – vor allem bei Rumi – immer wieder in religiöser Weise interpretiert, lehren die unwandelbare Einheit Gottes und Seine alles überschattende Macht und Gnade.

Dieser eine Gott aber, der sich im Koran geoffenbart hat, ist mit menschlichen Worten nicht zu beschreiben, mit geschaffenen intellektuellen Werkzeugen nicht zu begreifen. Er zeigt Seine Aktivität in zwei Formen. Er ist es, dem *ǧamāl* und *ǧalāl* zukommen, Absolute Schönheit und Huld und Absolute Gewalt und Strenge. Alles, was in der Welt geschieht, schwingt zwischen diesen beiden Aspekten hin und her, unter denen der in Seiner Einheit unerkennbare Gott sich offenbart, denn mit dem Akt der Schöpfung bricht die Absolute Einheit nach außen hin in eine Zweiheit auf: positiver und negativer Pol, Herzschlag, Atemholen gehören zum Leben. So sagt Goethe im *West-östlichen Divan* auf Grund islamischer Tradition:

> Im Atemholen sind zweierlei Gnaden.
> [...]
> Du danke Gott, wenn er dich preßt
> und danke ihm, wenn er dich wieder entläßt.

Leben ist nur zwischen den beiden Polen möglich: wer »Tag« sagt, schließt auch »Nacht« ein; »Mann« ist undenkbar ohne »Weib«; wer »Gesundheit« sagt, weiß auch von Krankheit. So wandelt der Mensch auch auf dem schmalen Grad zwischen Gutem und Bösem, zwischen Milde und Strenge. Doch keiner dieser beiden Aspekte darf im menschlichen Handeln übertrieben werden: »Die besten Dinge sind die mittleren«, sagt das *ḥadīth*. Nichts sollte isoliert betrachtet werden. Das gilt für alles in der Welt; es gilt auch für die Welt selbst.

Der Muslim weiß, daß die Welt von Gott geschaffen ist, aber die frühen asketischen Frommen sahen in ihr eine gefährliche Gegnerin und beschreiben »Frau Welt« in ähnlich häßlichen Bildern wie die mittelalterlichen christlichen Asketen. Warnungen vor ihrer Tücke, ihren Gefahren durchdringen die islamische Literatur; die Treulosigkeit dieser alten Hure, die ihre Liebhaber tötet oder auffrißt, wird in immer neuen abstoßenden Bildern beschrieben. Das Beste ist, sich nicht um sie zu kümmern und sie nur als Brücke zu einem besseren Jenseits anzusehen. Denn man weiß ja trotz aller Aversion gegen die Welt, daß sie notwendig und gottgewollt ist; in ihr soll der Mensch wirken, sich durch gute Taten auf das Jenseits vorbereiten, ja sie sich untertan machen und sie verbessern (Sura 7,56), ohne sie als sein Eigentum anzusehen. Für die Mystiker jedoch ist Gott ein »verborgener Schatz«, der die Welt durch das Aufstrahlen der in Ihm verborgenen, nach Manifestation verlangenden göttlichen Namen erschaffen hat; damit wird die Welt gewissermaßen ein Spiegel, in dem sich die Neunundneunzig Schönsten Namen Gottes denen zeigen, die Augen haben zu sehen. Die Weltmenschen freilich blicken nur auf die Rückseite dieses Spiegels, die zwar oftmals reich geschmückt, aber nutzlos ist.

Die Welt also erscheint in zweifachem Licht: einmal als Hindernis für die wahre Frömmigkeit, da sie nach Sura 6,32 und anderen koranischen Aussagen »nur ein Spiel, nur ein Scherz« ist, »und ist nicht das Jenseits besser für euch?« Zum anderen aber erscheint sie als Mittel, Gottes Werke zu erkennen und durch die eigenen guten Werke und Gottesliebe die Saat für ein seliges Leben im Jenseits zu säen.
Der Mensch hat gleichermaßen zwei Aspekte. Gott hat ihn geschaffen und ihm Seinen Odem eingeblasen (Sura 15,29), hat die Kinder Adams geehrt (Sura 17,70), aber der Mensch ist auch äußerst gefährdet und kann unvorstellbar tief fallen (Sura 95,5). Den sündlosen Engeln überlegen durch die Möglichkeit, mit seinem eigenen Willen entweder Gutes oder Böses zu wirken, kann er sich Gott nahen und so die Engel übertreffen, aber auch tiefer als jedes Tier stürzen; denn wie der Engel hat auch das Tier keine freie Wahl zwischen Gut und Böse. Freilich ist die Spannung oder besser der Widerspruch zwischen freiem Willen und vorherbestimmtem Schicksal in der islamischen Theologie nie gelöst worden; im Koran stehen beide Möglichkeiten nebeneinander, aber der immer wieder deutlich ausgesprochene Gedanke der Vergeltung am Jüngsten Tage läßt doch die Wichtigkeit eigenen Handelns klar hervortreten:

> Und wer nur Gutes im Gewicht eines Stäubchens getan, der wird es sehen. Und wer Böses im Gewicht eines Stäubchens getan, der wird es sehen. (Sura 99,7f.)

Der Fatalismus, dessen der Muslim häufig angeklagt wird, hat in seinem echten Sinn nichts mit einem mechanischen Fatum, einem fühllosen Geschick (in der Literatur oft als »die Sphäre«, »das Himmelsrad« bezeichnet) zu tun; der Glaube an das »Zugeteilte«, *qismat*, bedeutet vielmehr, daß man bei Unglücksfällen und Katastrophen das Geschehen akzeptiert, da es der Wille Gottes ist, der ja weiß, was für den Menschen in diesem oder jenem Augenblick gut ist – selbst wenn man es intellektuell nicht verstehen mag. Diesem tiefen Vertrauen in die Weisheit Gottes entstammen viele der schönsten Gebete, Gedichte und Sprüche in der islamischen Welt.

Der Koran legt den Frauen die gleichen religiösen Pflichten auf wie den Männern, aber unter dem wachsenden Einfluß asketischer Strömungen wurde die Frau – wie in allen asketischen Religionen – abgewertet. Sie erscheint als eine »Frau Welt« im kleinen, und da das arabische Wort *nafs*, »Seele«, weiblich ist und meistens als Ausdruck für die »zum Bösen anstachelnde Seele« (Sura 12,53) verwendet wird, konnte auch die Frau zum Ausdruck dieser störrischen, gefährlichen Triebseele werden. Doch war Eheschließung die *sunna*, »Gewohnheit«, des Propheten, und trotz der Warnung vor der Frau und ihren Mängeln erscheint doch ständig die Erinnerung an den Propheten, der seine Liebe zu Frauen als gottgegeben erklärt hatte und der immer wieder darauf hinwies, daß die Mütter es seien, die die größte Verehrung, den größten Dank verdienten (vgl. Sura 31,14). Für die Mystiker der Schule Ibn 'Arabis (gest. 1240) wird dann die Frau zur vollkommensten Manifestation göttlicher Schönheit und Huld.

Seit alter Zeit werden die guten und schlechten Eigenschaften, die *maḥāsin wa masāwī*, der Menschen einander gegenübergestellt, und die Wichtigkeit der edlen Tugenden, *makārim al-achlāq*, hervorgehoben. Der Ausdruck *achlāq*, »Qualitäten, Tugenden«, erscheint im Titel einer ganzen Reihe von Schriften, die in die Kategorie der Ethik (im populären Sinne) fallen; Miskawaihs *tahdhīb al-akhlāq*, »Das Polieren der Charaktereigenschaften«, ist das bekannteste dieser Werke.

Wie Dichter und Fromme sehr genau die Pflichten des Menschen kennen und nennen, ihn für seine Milde, Selbstbeherrschung, Geduld und Großmut loben, so werden auch die unerfreulichen Zeitgenossen in immer neuen Versen und Sprichwörtern angegriffen oder verspottet. 'Ubaid-i Zakanis *Achlāq al-aschrāf* ist die bekannteste persische Satire auf die sogenannte Elite des Volkes: Könige erscheinen meist als tyrannisch, launisch und ungerecht (was wohl oft der Realität entsprach); auch der Hochmut, die Selbstgefälligkeit der Gelehrten, der geistlichen Führer (Mollas) und Asketen waren durch die Jahrhunderte beliebte Themen. Tun die angeblich so bescheidenen Religionsgelehrten denn etwas anderes, als die Kuppeln ihrer Turbane aufzubauen? (Denn je größer der Turban, desto wichtiger der Träger!) Dara Schikoh, der 1659 hingerichtete Moghul-Kronprinz, seufzt, wie so mancher vor ihm und nach ihm:

»Das Paradies ist, wo kein Molla ist...«

Armut und Reichtum werden einander gegenübergestellt: echte Armut, wie sie das Ideal des Propheten war, und Genügsamkeit liegen nicht in der äußeren Aufmachung, sondern in der inneren Haltung: der wahrhaft »Arme«, der dem Worte des Propheten folgt: »Meine Armut ist mein Stolz« (weil er nämlich auf den Ewig-Reichen Gott vertraut), ist bescheiden und milde; er zeigt seine Armut nicht, denn »wäre jeder Nackte ein Gottesmann, so wäre auch der Knoblauch ein Gottesmann«, wie Rumi spottet. Er bittet auch die Menschen nicht – die schwerste Bürde ist »die Last der Dankbarkeit«, die den Freien bedrückt. Aber was tun? Geld und Gold haben gewaltige Macht über die Welt: »Legst du Gold auf Eisen, so wird das Eisen weich«, sagt das persische Sprichwort. Und doch, was nützt alles Jagen nach mehr Besitz? Der Lebensunterhalt wird kommen, wenn er einem vorherbestimmt ist; sich deswegen aufzureiben ist sinnlos: Gottes Güte, ausgedrückt in Seinem Namen *ar-Razzāq*, »der Ernährer«, sorgt für die Geschöpfe.

Gott weiß auch, an welchem Ort und zu welcher Zeit der Mensch sterben wird – man kann dem Tod auf keine Weise, durch keine List entfliehen. Der Gedanke an Tod und Auferstehung spielt eine zentrale Rolle im Koran, denn der Mensch fürchtet sich vor dem schreckensvollen Augenblick, da er Gott begegnen wird, der ihn zur Abrechnung ruft. Für den wahrhaft Frommen jedoch ist der Tod nur der Beginn eines neuen Lebens, eines Lebens in stetem Wachsen in der Gegenwart Gottes. Niemand hat das beredter ausgedrückt als Rumi, in seinen jubelnden Versen über den Tod, über die langersehnte Ankunft hinter dem Vorhang, wenn der Schleier der Traumwelt, in der wir hier leben, endlich zerrissen wird. Sein moderner Jünger, Muhammad Iqbal (gest. 1938), hat dann diese Haltung in moderner Terminologie ausgedrückt: Ewiges Leben ist Wachsen ohne Abnehmen, und »heaven is no holiday«, »der Himmel ist keine Ferienzeit«.

Doch gilt das nur für diejenigen, die in ihrem Erdenleben das Feuer der Liebe erfahren haben. Denn das zentrale Thema im Leben ist die Liebe – vor allem jene Liebe, die den Menschen immer näher zu Gott bringt. Die frühen muslimischen Theologen hatten sich geweigert, Liebe zu Gott als möglich anzuerkennen; »Liebe zu Gott ist Liebe zu seinen Geboten.« Doch bald war die Gottesliebe zum zentralen Thema der islamischen Mystik geworden, und die klassischen Liebespaare der arabischen und persischen Welt wurden zu Symbolen für die alles umfassende Liebe des Menschen zu Gott, die alle anderen Gefühle ausschließt und den Menschen auf seinem Weg begleitet, ja ihn erst auf den immer ansteigenden Pfad zu Gott führt.

Der Islam weist in den verschiedensten Bildern auf das Geheimnis des Weges hin: die *scharīʿa*, das gottgegebene Gesetz, ist der »Weg, der zur Wasserstelle führt«; die Sufis kennen die *ṭarīqa*, den schmalen Pfad für die Auserwählten; die Pilgerfahrt nach Mekka ist Pflicht für alle Gläubigen, während die Himmelsreise des Propheten für Dichter und Mystiker zum Vorbild für ihre eigene Seelenreise geworden ist.

Dieser Weg führt zu Gott, der im Koran gesagt hat: »Ruft Mich an, und Ich will antworten« (Sura 40,62).

Das Gebet, und zwar nicht nur das täglich fünfmal zu verrichtende Ritualgebet, sondern auch das freie Gebet und das Gottgedenken spielen eine zentrale Rolle in der islamischen Welt; nur ganz selten gehen die Gebete der Frommen in Rebellion über (wie im Munde der Narren, denen der persische Dichter 'Attar seine Kritik an der Welt in den Mund legt, oder bei einigen türkischen Bektaschi-Dichtern). Das Hauptthema der Gebete ist Hoffnung; denn die Seele des Menschen schwebt mit den beiden Flügeln Furcht und Hoffnung zum Ziel des Weges – und trotz aller Furcht vor dem »Herrn des Gerichts« siegt die Hoffnung auf »den Allbarmherzigen, den Allerbarmer«, wie Gott zu Beginn jeder Arbeit, jedes Tuns angerufen wird.

Doch das göttliche Wesen, an das sich die menschlichen Gebete wenden, ist zu groß, um beschrieben, ja nur vorgestellt zu werden. Schöpfer und Erhalter, Herr am Tage des Gerichts, der Erste und der Letzte, der Äußere und der Innere (Sura 59,3) – so schildert Ihn der Koran, und Er hat alles geschaffen, damit es Ihm diene und Ihn preise (Sura 51,56), und nichts als die Aussage »Er ist« kann über Ihn gemacht werden.

Das Gotteslob aller Kreaturen ist eingefangen in den Worten der Dichter, und in immer neuen Wendungen haben die Frommen ausgedrückt, daß Er, obgleich jenseits aller Begriffe, sich doch durch die Schöpfung in der Welt manifestiert, daß es ein Widerschein Seiner Schönheit ist, was in Gärten und Menschen aufscheint, und daß Er, den Himmel und Erde nicht umschließen (Sura 2,255), sich dem liebenden Herzen offenbart, ja, daß Er, unbedürftig wie Er ist, sich doch nach dem Menschen sehnt, erkannt werden möchte.

Dies ist die geistige Welt, aus der diese Anthologie erwachsen ist. Meine Absicht war nicht, eines der zahlreichen Weisheitsbücher als Ganzes, sondern ein Mosaik der verschiedenen Aspekte islamischer Weisheitsworte vorzulegen, um die Vielfalt der Annäherungen an das Thema anzudeuten – Annäherungen, die von volkstümlichen Sprichwörtern bis zu hoher mystischer Frömmigkeit reichen.
Der cordovanische Literat des 10. Jahrhunderts, Ibn ʻAbd Rabbihi, sagt:

»Die Wahl, die jemand trifft, zeigt seinen Verstand.«

Oder sollte man sich besser an den Prophetenspruch gehalten haben:

»Wer schweigt, wird gerettet«?

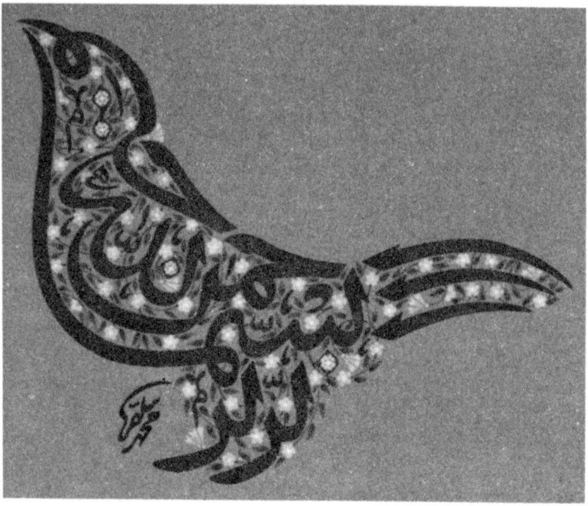

I

Lebensweisheiten zur Einstimmung

Glaube an dein Glück,
so wirst du es erlangen

'Ali

Sitz müßig nicht! Nein, kratze das Papier,
und schreibst du nicht, spitz eine Feder dir!

Daulatschah

Für den Faulen ist schon eine Wolke eine Last.

Kaschgari

Wer allzuviel und lange hofft,
vergißt die Arbeit allzu oft.

'Ali

Wer einen Pfau braucht, muß die Mühe einer Reise nach Indien auf sich nehmen.

Persisch

Jeder reitet auf seinem eigenen Esel.

Persisch

Ein jeder strebt auf diesem Markt nach andern Dingen;
ein jeder wird den Turban sich auch anders schlingen.

Sa'ib

Jedes Schaf wird an seinem eigenen Bein aufgehängt.

Türkisch

Die Katze jagt die Mäuse nicht um Gottes willen.

Persisch

Der Gast ist einem lieb – bis zu drei Tagen.

Persisch

O Abu Huraira, besuche (die Leute) seltener, dann wirst du beliebter!

Muhammad

Hätte das Gebet der Kinder eine Wirkung, lebte nicht *ein* Lehrer mehr!

Persisch

Hätte die Katze Flügel – kein Sperling wär in
der Luft mehr.
Hätte, was jeder wünscht, jeder – wer hätte
noch was?

Herder nach einem persischen Sprichwort

Stellt euch nicht krank, sonst werdet ihr krank,
und grabt euch nicht euer Grab, sonst sterbt ihr.

Muhammad

Soll man dich nicht aufs schmählichste
berauben,
verbirg dein Gold, dein Weggehn, deinen
Glauben.

Goethe nach einem arabischen Sprichwort

Wahrheit: eine bittre Speise,
schwer zu schlucken deinem Rachen.
Schluck die bittre Pille tapfer,
denn sie wird dich süßer machen.

Kutadgu Billig

Besser ein Irrtum, der dich beglückt,
als eine Wahrheit, die dich niederdrückt.

Saadi

Es ist nicht gut, wenn sich ein Wunsch
vollendet:
das vollgeschriebne Blatt wird umgewendet!

Qudsi

II

Die Welt

Die Welt ist eine Brücke,
geht darüber, aber baut kein Haus auf ihr!

Jesus

Diese Welt und das Jenseits sind wie zwei Waagschalen; wenn die eine schwer wird, wird die andere leicht;
sie sind wie Ost und West; und sie sind wie zwei Ehefrauen: wenn du die eine zufriedenstellst, erzürnst du die andere.

Muhammad

Die Bitterkeit dieser Welt ist die Süße des
Jenseits,
und die Süße dieser Welt ist die Bitterkeit des
Jenseits.

'Ali

Die Sanduhr ist der Spiegel
von Welt und Religion –
steht eins davon in Blüte,
so ist das andre schwach.

Nusrat

Diese Welt ist ein Kerker für den Gläubigen und ein Paradies für den Ungläubigen.

Muhammad

Die Welt ist ein Kadaver, und die sie suchen, sind Hunde.

Muhammad

Die Welt scheint schmackhaft, schmeckst du
einmal sie,
wie Milch und Zucker und wie Mandeln süß.
Doch dem Vernünft'gen scheinen ihre Reize
wie Gift und Galle, wenn er sie dann schluckt.

Nasir-i Chusrau

Ich bin durch die Welt gezogen – O Kummer!
In keiner Stadt
fand ich, daß man das Glück dort am Markte
verkaufet hat!

'Urfi

Die Tür des Grams, ein Haus erfüllt von
Leiden:
Heimsuchung regnet dort von Tür und
Wänden.
Rubinen sind der Witwen blut'ge Tränen,
die Perlen Tropfen nur aus meinen Augen.

Nasir-i Chusrau

Der Welten Gram ist überreich –
ich hab nur eine Herzensknospe:
Wie könnte in die Sanduhr ich
den ganzen Sand der Wüste füllen?

Kaiser Aurangzeb

Ich sah die Welt und ihr Tun allerwegen,
nur Dorn sind ihre Rosen, Gram ihr Segen.
Und häuft sie auf dich immer größre Schätze,
wird größre Lasten sie aufs Herz dir legen!

Chuschhal Chan Chattak

Ein fremder Phönix ist die Freude
        in unsrer Zeit.
Den Menschen stehen Schmerz und Plagen,
        sonst nichts, bereit.
So viel ich auch auf dieser Erde
        gewandelt bin –
da kam ein kummervoller Mensch hier,
        ein Mensch voll Leid.
Ein jeder ist nach eignem Maß gefangen
        in Plagen hier,
und keinem ward der Freibrief je gegeben
        der Fröhlichkeit.

Abu 'l-Faradsch as-Sidschzi

O trau nicht seiner Farbe: der Himmel ist der alte –
es ist des Himmels Sitte, daß er sein Wort nicht halte!
Magst sterben in Ruinen, in Seidenkissen weich –
wenn sie zum Staube gehen, sind Arm' und Reiche gleich.
Vorm Zorn des milden Mannes bewahre dich der Herr,
denn schlägt ein sanftes Pferd aus, so trifft sein Huf dich schwer.

Ziya Pascha

Die Menschen in der Welt gleichen einer Karawane, die dahingeführt wird, während sie schlafen.

'Ali

Das Schicksal wird dich sachte, sachte
schlucken –
du bist der Käse für die Maus, die Zeit!

Nasir-i Chusrau

Ich fragte: »Wie lang währt das Leben der
Rose?«
Die Knospe vernahm es und lächelte nur.

Mir

Des Lebens Elend dauert nur zwei Tage –
wie sie vergehn, ich will es dir jetzt nennen:
Ein Tag, das Herz an dies und das zu binden;
ein Tag, das Herz von dem und dem zu trennen.

Kalim

Auf dem Sinai fand Moses Goldplatten, auf denen geschrieben stand:
Wie sonderbar ist es, daß jemand, der an Schicksal und Geschick glaubt, ärgerlich oder frivol sein kann!
Wie sonderbar ist es, daß jemand, der weiß, daß er sterben wird, fröhlich sein kann!
Wie sonderbar ist es, daß jemand, der gewiß ist, daß die Welt vergänglich ist, und sieht, wie die Menschen heimgesucht werden, ruhigen Herzens sein kann!

Kisa'i

Vom Anfang und vom Ende dieser Welt –
wir wissen nichts:
Denn dieses alten Buches erstes Blatt,
sein letztes fehlt.

Kalim

Die Welt ist nur eine Stunde, so verwendet sie zum Gehorsam!

Muhammad

Bei der Auferstehung wird die Welt in Gestalt eines abscheulichen alten Weibes, blau, mit herausstehenden Greifzähnen, kommen, und keiner erblickt sie, ohne sie zu hassen. Sie wird den Geschöpfen vorgeführt, die dann gefragt werden: »Kennt ihr die da?«, und sie werden sagen: »Gott bewahre, daß wir so eine kennen sollten!« Dann sagt man ihnen: »Dies ist die Welt, deren ihr euch so sehr gerühmt habt und um derentwillen ihr euch bekämpft habt!«

Muhammad

Wenn du einen weißen Falken
einem alten Weibe gibst,
schneidet sie ihm seine Klauen,
weil sie denkt, das tät ihm gut.
Jene Klauen, die der Grund sind
für sein Werk und seine Jagd,
schneidet dieses blinde Weiblein
blindlings ab und fragt ihn dann:
»Sag mal, wo war deine Mutter,
daß so lang die Nägel wuchsen?«
So beschneidet sie die Klauen,
Schnabel und die Federn auch –
ach, die dreckige, die Alte,
meinte es ja wirklich gut!
Kochte sie ihm Nudelsuppe,
doch er aß ganz wenig nur,
und da wurde sie sehr zornig,
dachte nicht an Freundlichkeit:
»Hab ich dir doch eine solche
Speise liebevoll gekocht,
und du tust so stolz und mächtig
und verschmähst das Essen nun!
Du verdientest wirklich Strafe,
Plage und Heimsuchung hart –
denn man kann beim besten Willen
dir ja gar nichts Gutes tun!«

Dann gibt sie ihm noch die Brühe:
»Los, nun komm und trinke jetzt.
Wenn du schon die feinen Nudeln
überhaupt nicht essen willst!«
Doch der Falk mag keine Brühe,
denn er ist sie nicht gewohnt,
und das alte Weib wird wütend,
und ihr Ärger wächst und wächst;
schließlich gießt die kochend heiße
Brühe sie ihm übern Kopf –
ach da fallen alle Federn
ihm vom Haupt, er wird ganz kahl,
und aus seinen Augen tropfen
Tränen ihm aus heißem Schmerz,
und er denkt jetzt an die Güte,
die sein König ihm erzeigt'...

Doch dann sagt der Falke: »Wenn auch
diese Alte mich versehrt,
hat sie doch mein Licht, mein Wissen,
die Geduld mir nicht verzehrt!«

Rumi

Ein hundertfältig zerrissenes Herz,
das ist die lachende Rose –
denn Fröhlichkeit sind und Gram in der Welt
verbunden im Zwillings-Lose.

Dard

Gleich sind an Form und Gestalt
Freude und Leiden: Die Rose –
nenn sie geöffnetes Herz,
nenn sie gebrochenes Herz.

Dard

Zur Armut wird am Ende alle Herrschaft –
der Knospe Krone wird zur Bettlerschale.

Azad Bilgrami

Es war einmal ein gläubiger König, der die ganze Welt unter seinem Ring hielt. Er war von vielen Weisen umgeben, zu denen er eines Tages sagte:

»Im Herzen einen Wunsch ich, seltsam, fand –
doch weiß ich nicht, wieso er dort entstand:
Macht mir doch einen schönen Fingerring,
daß jederzeit, wenn Kummer mich umfing',
ich auf ihn blicke und dann fröhlich werde,
frei von dem Gram, dem grausamen, ich werde;
und wenn ich fröhlich bin und froh, voll Glück:
des Ringes Anblick bring' den Gram zurück!«

Die Weisen berieten sich lange und fertigten schließlich einen Ring, auf dem eingraviert war:

»Auch dieses wird vorübergehen!«

'Attar

Manch Herbst und Frühling kommt nach
deinem Tod,
manch Tag und Nacht, manch Früh- und
Abendrot.
Verlier dein Herz nicht an die schöne Welt –
denn sie hilft keinem Freunde in der Not!
Der heut wie Skorpione jeden sticht –
im Grabe ihm die Schlange »Schande« droht.
Ein leidend Herz zu trösten, das ist groß –
was ist's denn, quälst du alle Menschen bloß?
Sieh schlichte Leute nicht verachtend an –
der Staub verhüllt manch einen Rittersmann!

Auhadi Maraghi

Die Welt ist eine Braut. Wer sie begehrt, schmückt sie, als sei er ihre Zofe; wer sie haßt, schwärzt ihr das Gesicht; aber wer sich ganz zu Gott wendet, kümmert sich nicht um sie.

Yahya ibn Mu'adh

David fragte: »O Herr, was war Deine Absicht bei der Erschaffung der Welt?« Gott sprach: »Ich war ein verborgener Schatz, und Ich wollte erkannt werden, deshalb schuf Ich die Welt.«

Muhammad

Gott sprach zu ihm: »Zeitliches Wesen,
Ich war ein verborgener Schatz,
Ich suchte, den Schatz voller Gnaden
zu heben zu sichtbarem Platz.
Ich schuf einen Spiegel, dir deutlich:
Gesicht: das Herz; Rücken: die Welt.
Doch kennest du, Freund, sein Gesicht nicht,
der Rücken dir besser gefällt!«

Rumi

Die Welt ist das Saatfeld für das Jenseits.

Muhammad

In Gegenwart des Gotteslöwen ʿAli
schmäht' einer diese Welt mit vielen Worten.
Doch ʿAli sagte: »Schlecht ist nicht die Welt –
schlecht bist nur du, der unverständig ist.
Denn diese Welt ist wie ein Saatfeld ja,
und wirken mußt du in ihr Tag und Nacht,
damit du auch den Ruhm der Religion
von diesem Welt-Feld ernten kannst,
mein Sohn.
Die Saat von heute erntest morgen du –
und säst du nicht: wo wär dann gute Frucht?«

ʿAttar

Ein Schleier ist die Schönheit dieser Welt,
dahinter sich sein Angesicht verhält.
So schmiegt der Schleier sich dem Angesicht –
oft kennt man beide voneinander nicht.

Saadi

Dies Universum ist ein Lehrhaus wunderbar

Unzähl'ger Sterne Schar am hohen Himmel
steht,
Wenn ihr vergleicht – die Erd ihr kaum als
Stäubchen seht.
Wohl tausend Sonnen hell, wohl tausend
Monde strahlend,
Fixstern' millionenfach, und so viel auch
Planet'.
Und jede Sonne kreist mit eigenen Trabanten,
dran wiederum ein Schwarm noch von
Trabanten geht.
Und jede Sonne strahlt ihr eigne
Gnadengaben,
doch des Gefährten Art hat keiner noch
erspäht.
Ein jedes endlos kreist ums Zentrum, ruhelos,
die ew'ge Gnade spürt's, wenn's um die Achse
dreht.
In jedem breiten sich viel tausend Existenzen,
und tausend Welten sind sichtbar im kleinsten
Beet.
Aus jedem Wesen quillt ein tausendfaches
Neues,
und tausendfache Welt aus jeder Welt entsteht.

Ein jedes Stäubchen trägt besondre
Gnadenkräfte,
in jedem Körper die ihm eigne Seele weht.
Es rechnet jede Welt mit andern Daten, Jahren,
in jedem Erdenball auch andre Zeit besteht.
Dies grenzenlose Meer führt stets zu neuen
Meeren,
zum Wirbel hin, da ihr verwirrt am Ufer
steht:

Preis Ihm, vor dessen Werk sich der Verstand
verwirrt,
Preis Ihm, vor dessen Macht der Weise hilflos
wird!

Ziya Pascha

Die Welt besteht weiter infolge von Vergeßlichkeit. Gäbe es nicht Vergeßlichkeit, so bliebe die Welt nicht bestehen. Sehnsucht nach Gott, Gedanken an das Jenseits, Rausch, Ekstase – das sind die Architekten des Jenseits. Wenn nur all diese da wären, würden wir alle insgesamt in die andere Welt ziehen und nicht hier bleiben. Gott der Erhabene wünscht aber, daß wir hier sind, damit beide Welten bestehen. So hat er zwei Verwalter eingesetzt: der eine ist Vergeßlichkeit und der andere Wachsamkeit, damit beide Häuser bewohnt bleiben.

Rumi

Das Jenseits ist wie ein Meer, und diese Welt ist wie Schaum. Gott wollte das bißchen Schaum in nützlicher Ordnung halten. Er setzte daher einige Leute mit dem Rücken zum Meer, um den Schaum in Ordnung zu halten. Wären sie nicht damit beschäftigt, so würden die Menschen ihre Körperlichkeit zerstören; sie würden vernichtet, der Schaum würde daher zerfallen, und die Welt würde damit zunichte gemacht.
So gibt es ein Zelt, das für den König aufgestellt

wird, und er beschäftigt Leute damit, das Zelt aufzubauen. Einer sagt: »Wenn ich den Zeltstrick nicht machte, wie sollte das Zelt richtig herauskommen?« Ein anderer sagt: »Wenn ich den Zeltpflock nicht richtig mache, wo wollen sie den Strick anbinden?« Jeder weiß, daß sie alle Diener des Königs sind, der im Zelt sitzen und den Geliebten betrachten wird. Wenn nun der Weber das Weben aufgibt, um Minister zu werden, dann bleibt die ganze Welt nackt und bloß. So bekommt er Freude an diesem Beruf, damit er zufrieden ist.

Rumi

Wer immer die Welt betrachtet, weil sie Gottes Werk ist, und sie kennt, weil sie Gottes Werk ist, und sie liebt, weil sie Gottes Werk ist, schaut nur auf Gott und kennt nichts außer Gott und liebt nichts als Gott; er ist der wahre Einheitsbekenner, der nichts außer Gott sieht, nein, der auch sich nicht um seiner selbst willen anblickt, sondern weil er Gottes Diener ist – und von einem solchen Menschen sagt man, daß er im Einheitsbekenntnis und von sich selbst entworden ist.

Ghazzali

III

Der Mensch

»Wahrlich, Wir haben die Kinder Adams geehrt.«

Sura 17,70

Die Situation des Menschen ist so, daß ein Engelsflügel gebracht und an einen Eselsschwanz gebunden wurde, damit der Esel vielleicht durch den Glanz der Gesellschaft des Engels auch ein Engel würde.

Rumi

Gott sprach: »O Menschenkind, Ich habe dich für Mich geschaffen und habe die Dinge um deinetwillen geschaffen.«

Muhammad

Wer sich selbst kennt, kennt seinen Herrn.

Muhammad

Für Liebesweisen ist das Instrument der
Mensch,
Geheimnis selbst, der das Geheimnis kennt.
Gott schuf die Welt, der Mensch hat sie
verschönert,
den Gott vielleicht als Partner anerkennt – der
Mensch.

Iqbal

Wenn der Mensch seine eigentliche Aufgabe nicht erfüllt, ist es, als ob du ein Schwert aus feinstem indischen Stahl, wie man es in königlichen Schatzkammern findet, brächtest und es dann zu einem Schlachtermesser machtest, um angefaultes Rindfleisch damit zu schneiden, und dann sagtest: »Ich lasse dies Schwert nicht müßig herumhängen; ich benutze es für etwas Nützliches!« Oder als ob du einen goldenen Kessel brächtest und Rettich darin kochtest, wo man für ein einziges Körnchen seines Goldes hundert Töpfe kaufen könnte; oder als ob du einen juwelenbesetzten Dolch als Nagel für einen Kürbis oder einen kaputten Krug verwendetest: »Doch, ich nutze ihn ja gut, ich hänge meinen

Kürbis dran auf. Ich lasse den Dolch ja nicht nutzlos herumliegen!« Wäre das nicht beklagenswert und lächerlich?

Du bist mehr als die beiden Welten wert.
Was kann ich tun? Du kennst nicht deinen Wert.

Rumi

Schlägt man jemanden, so vermeide man das Gesicht, denn Gott schuf Adam nach Seinem Bilde.

Muhammad

Die Seelen sind wie Heere: diejenigen von ihnen, die sich kennen, vereinen sich, und diejenigen, die sich nicht mögen, scheiden sich.

Muhammad

Alle Geschöpfe sind Gottes Familie.

Muhammad

Die Liebe suchte und strebte,
da ward geschaffen der Mensch:
aus jenem tönernen Vorhang
ihr leuchtender Aufglanz nun blitzt!
Die Sonne, den Mond und die Sterne –
wie gern gibt man sie aus der Hand
als Preis für die Handvoll Erde,
die in sich ein Herz besitzt!

Iqbal

Der Mensch, *insān*, ist nach dem Vergessen, *nisyān*, benannt, und das Herz, *qalb*, ist wegen seines Hin- und Herschwankens, *taqallub*, so genannt.

Arabisch

Die Herzen der Menschenkinder sind zwischen zwei Fingern des Allerbarmers wie ein einziges Herz, und Er tut mit ihnen, was Er will.

Muhammad

Wir sind nicht Dorfschulz, wir sind nur
Vagant,
Minister nicht, nur Diener ohne Stand.
Wir sind die Feder nur in Deiner Hand –
wohin wir gehen, ist uns nicht bekannt.

Rumi

Lern, Herz, des Lebens Chiffre von der
Knospe:
Hier im Symbol ist Wahrheit ohne Hülle!
Sie ist aus dunklem Staub geboren, aber
ihr Blick hebt sich zur Sonnenstrahlen Fülle.

Iqbal

Das Herz ist das Haus Gottes.

Muhammad

Befrage dein Herz um ein Rechtsgutachten,
selbst wenn die Juristen schon eins gegeben
haben!

Muhammad

Mein Bruder, du sollst gleichen einem
Schwert,
böse mit Bösen, und mit Guten gut.
Die Seiten sanft und schimmernd, so wie
Wasser,
die Schneide scharf und schneidend, so wie
Glut.

Nasir-i Chusrau

Im Kreise der Freunde ist sanft er wie Seide,
im Kampf um die Wahrheit ist stahlhart der
Fromme.
Mit Sphären ist er in vertrautem Geplänkel –
aus Erde, ist frei von der Erde der Fromme.
Nichts gilt seinem Auge der Sperling, die
Taube –
es jagt Gabriel und Cheruben der Fromme!

Iqbal

Einen Esel macht kein Fleiß zum Menschen,
mag man ihn auch auf die Kanzel treiben,
und ein Mensch, den man nicht hat erzogen,
wird ein hundertjähr'ger Esel bleiben.

Saadi

Nur Blindheit läßt den Mann
des Mannes Sklaven werden –
aufopfernd seinen Wert,
er sich vor Fürsten neigt.
So wird durch Sklavendienst
er minder als die Hunde –
nie sah ich, daß ein Hund
den Kopf vorm Hunde beugt!

Iqbal

Der Scheich umschritt gestern die Stadt,
er trug eine Leuchte und klagte:
»Nur Geister, Getier! Während ich
den Menschen, den wirklichen, wünsche!«

Rumi

Den Menschen lassen seine Werke
lebendig bleiben –
Der Name »Rose« bleibt erhalten
im Rosenwasser.

Naziri

Lieber Sohn, merke dir von mir vier, und nochmals vier; dann wird dir nichts schaden, was du damit tust:
Der größte Reichtum ist die Vernunft, und die größte Armut ist die Dummheit, und die einsamste Einsamkeit ist die Selbstgefälligkeit, und die edelste Abstammung ist ein guter Charakter.
Lieber Sohn, hüte dich davor, einen Dummen zum Freunde zu nehmen, denn er will dir nützen und schadet dir; und hüte dich, einen Geizhals zum Freunde zu nehmen, denn er entfernt von dir, was er am meisten braucht, und hüte dich vor der Freundschaft mit einem Ehebrecher, denn er verkauft dich für weniges,
und hüte dich vor der Freundschaft mit einem Lügner, denn er ist wie eine Fata Morgana; er läßt dir das Ferne nah und das Nahe fern erscheinen.

'Ali zu seinem Sohn Hasan

Die Menschen gleichen ihrer Zeit mehr als ihren Vätern.

Arabisch

Verschiedne Kleider hat die Zeit,
                und du sollst dich nicht scheuen,
zu gehn im Kleide, wie sie geht,
                im alten oder neuen.
Sei du der Weisen Weisester,
                wo du bist unter ihnen,
und wo bei Toren du erscheinst,
                da sei als Tor erschienen.

'Aqil al-Murri

Wer sich nicht in die Leute vielfältig schicken
                kann,
den wird ein Huf hier treten, und beißen dort
                ein Zahn!

Zuhair

Wer sich an die Menschen angleicht, gehört zu ihnen.

Arabisch

Wie einer sich gibt, mußt du ihn fassen,
mußt mit der Gesellschaft stimmen, oder sie
verlassen.

Saadi

Hast in den Garten dieser Welt
du deinen Fuß gesetzt,
dann sitze, wie's die Rose tut,
auch lächelnd nah dem Dorn!

Atisch

IV

Die Frauen

Gott hat mir lieb gemacht von eurer Welt
die Frauen und den Duft,
und mein Augentrost ist im Gebet.

Muhammad

Die Männer sind Berge, die Frauen Spaten.

Paschto

Das Weib ist ganz und gar Übel, aber das Übelste an ihr ist, daß man sie unbedingt braucht!

'Ali

Die Eifersucht der Frau ist Unglaube, und die Eifersucht des Mannes ist Glaube.

'Ali

Die Frau ist ein Skorpion von süßer Umgangsart.

'Ali

Beratschlagt euch mit den Frauen und tut das Gegenteil.

Muhammad

Je mehr du einer Frau befiehlst: »Halte dich verborgen!«, desto mehr reizt es sie, sich zu zeigen, und weil sie verborgen ist, begehren die Leute sie auch um so mehr. Da sitzest du nun und stachelst Begier auf beiden Seiten an und denkst, du bessertest sie! Aber das ist wirklich das reine Verderben! Wenn sie ein in sich edles Wesen hat, daß sie nichts Böses tun will, ob du sie hinderst oder nicht, sie wird entsprechend ihrer edlen Natur und ihrer reinen Anlage handeln. Wenn sie aber genau umgekehrt ist, so wird sie ebenfalls ihren eigenen Weg gehen. Wenn du sie hinderst, nimmt dadurch in Wirklichkeit nichts zu als ihr Begehren.

Rumi

Wenn der Mensch heiratet, besteigt er ein Schiff, und wenn ein Kind geboren wird, erleidet er Schiffbruch.

Ibrahim ibn Adham

Über das Heiraten heißt es:

Die Maus konnte nicht in ihr Loch, da band sie sich ein Sieb ans Hinterteil.

Paschto

Gott sprach zu Adam: Ich habe Meine Gnaden in Meiner Dienerin Eva gesammelt für dich, und es gibt keine Gnade, o Adam, die besser ist als eine fromme Gattin!

Kisa'i

Wer eine Frau um ihres Geldes und ihrer Schönheit willen heiratet, der wird ihres Vermögens und ihrer Schönheit beraubt, aber wenn er sie um ihres Glaubens willen heiratet, gibt ihm Gott Vermögen und Schönheit in ihr.

Muhammad

Wenn ein Mann heiraten will, muß er seine Wahl auf eines von vier Dingen stützen: Der eine wählt eine reiche Frau und folgt seiner gierigen Seele, der zweite wünscht eine Schönheit, seinem fleischlichen Auge folgend. Der dritte sucht eine von edler Abkunft, seinem Stolz und seinem Wunsch nach hoher Stellung folgend. Der vierte wünscht eine Frau, die gottesfürchtig und fromm ist, und sobald er eine solche findet, heiratet er sie.
Höre nun zu, und ich will dir sagen, welches die Beste ist: Wenn du eine Frau ihres Reichtums wegen wählst, wirst du ihr Gefangener, denn wenn sie ihr Herz auf etwas richtet, wird sie ihre Zunge lang machen und dir keine Ruhe geben, bis du es für sie kaufst. Wenn du eine Frau um

ihrer Schönheit willen wählst, so mache dich nicht lächerlich, denn jedermann hat gern eine schöne Frau, aber nur Gott kann der Wächter einer Schönen sein. Wenn du eine Frau wegen ihrer Vornehmheit und Stellung wählst – mach dich nicht billig, indem du mit den Hochgeborenen zusammenkommst, denn deren Zungen sind sehr lang, und du wirst der Sklave einer Frau sein. Aber du, der du eine Frau ihrer Frömmigkeit wegen wählst – wenn du die gefunden hast, dann hast du alle vier zusammen ...
Wenn dein Wunsch Reichtum ist, wird sie dein Geld zusammenhalten, dich reich machen und deine Wange röten (d. h. dich geehrt machen). Solange sie einen aufrechten Charakter hat, wird ihre Schönheit durchscheinen, denn der Weise weiß, daß die wahre Schönheit einer Frau in ihrem Charakter liegt. Und wenn sie fromm und keusch ist, dann ist sie hochgeboren. Alle drei Dinge sind so in einem Punkt zusammen.

Kutadgu Billig

Gott hat nichts auf Erden geschaffen, das ihm lieber wäre als die Freilassung eines Sklaven, und nichts, was ihm verhaßter wäre als Scheidung.

Muhammad

Die Frau:

Sie ist ein Gottesstrahl, ein »Liebchen« nicht,
ist schöpferisch, man meint fast: ungeschaffen!

Rumi

Seid gut zu euren Eltern, dann werden eure Kinder gut zu euch sein, und seid selbst keusch, dann werden eure Frauen keusch sein.

Muhammad

Das Paradies liegt zu Füßen der Mütter.

Muhammad

Ein Jüngling kam zum Propheten und fragte: »Wer verdient meine Liebe und Fürsorge am meisten?« Der Prophet sprach: »Deine Mutter.« »Und wer an zweiter Stelle?« »Deine Mutter!« »Und wer an dritter Stelle?« Der Prophet sprach: »Deine Mutter!«

Nachruf auf die Mutter

Wer wird, auf mich zu Hause wartend, beten?
Wer unruhig sein, wenn Briefe sich verspäten?
Ich werde in dein Grab die Frage senken:
Wer wird im Nachtgebet jetzt meiner denken?
Du zogst mich auf, mich, schicksalsgleich den
Sternen;
der Ahnen Haus ließ mich die Würde lernen.
Im Buch des Seins: ein goldnes Blatt dein
Leben,
ganz musterhaft für Welt und Glaubensstreben.
In Liebe dientest du mir immerzu,
als ich zum Dienst erwuchs – da gingest du.
In allen Lebenskämpfen mir zu Seite
dein Bild, in Liebe, stärkend mich begleite!

Iqbal

Zum Markte brachte eine Frau ihr Kind,
Es ging verloren, und es weinte sehr.
Bald streute es sich auf das Köpfchen Staub,
und bald vergoß aus Blut es Tränen viel.
Die Leute sahen es, in Staub und Blut,
und fürchteten, es stürbe dort vielleicht.
Sie fragten: »Sag, wie heißt denn deine Mutter?
Sag's mal!« Es sagte: »Ach, das weiß ich nicht!«
Sie fragten ihn: »Du bist ja wohl ganz blöde –
Nun sag schon mal: wo ist denn dann dein Haus?«
Das Kind, das sich verlaufen hatte, sprach:
»Ich weiß doch gar nichts von dem Hause, ach!«
Sie fragten es: »Wie heißt das Viertel denn?
Sag's schnell, damit du nicht so elend bist!«
Es sprach: »Ich bin so schrecklich traurig doch –
wie wüßte ich des Viertels Namen noch?«
Sie sagten: »Ja, was machen wir mit dir?
Du brennst im Gram, und wir zerschmelzen hier!«
Es sagte: »Ich hab mich verlaufen doch –
wie wüßte ich der Mutter Namen noch?
Ich weiß vom Viertel nichts noch von dem Haus,
weiß von der Mutter nur, nichts andres sonst.

Ich weiß nur eins – ein solcher armer Wicht
braucht seine Mutter nur und andres nicht.
Ich weiß nur eins – mein armes Herzchen bricht:
Ich brauche Mutter! Andres weiß ich nicht.«

'Attar

Vor alten Zeiten lebte einmal in der Stadt Balch ein Asket, welcher einen Sohn mit Namen Salih (der Fromme) besaß. Dessen Sinnesart war durchaus seinem Namen gemäß; er war ein frommer Jüngling, der sich dem Gottesdienste keinen Augenblick entzog. Nun ging der alte Asket zum Jenseits hinüber und ließ den Salih als Waise zurück. Während dieser eines Tages seine Bet-Übungen hielt, überlegte er bei sich folgendes: »Ich lebe freilich in stetem Gebet, aber wenn geschrieben steht: ›Die Erkenntnis ohne Werke ist wie ein Baum ohne Frucht‹ – so werden mir auch meine Werke ohne Erkenntnis keinen Vorteil bringen. Ich muß mir daher einen gelehrten Meister zu verschaffen suchen, der mir die Erkenntnis beibringt.«
Nachdem er diesen Entschluß gefaßt hatte, ging er, seiner Mutter Erlaubnis einzuholen; sie aber verweigerte diese. »Meine Absicht«, sprach er

nunmehr zu sich selbst, »ist doch eine gute, wie wär's da, wenn ich mich ohne die Einwilligung meiner Mutter aufmachte?« Gesagt, getan; ohne Vorwissen seiner Mutter verließ er eines Tages Balch und machte sich auf den Weg nach einer Stadt, in welcher es viele Theologen gab.

Auf der Reise kam er einst an einen Baum, bei welchem er anhielt, um etwas im Schatten zu rasten. Plötzlich kam ein Vogel auf den Baum geflogen und beschmutzte, indem er einem Bedürfnis genügte, seine Kleider. Das verdroß den Salih, und er warf einen zornigen Blick auf den Vogel, welcher sofort tot vom Baum herabfiel. Sein Zorn legte sich, und er brach auf, um weiterzuziehen, bis er, als der Abend schon nahe war, zu einer Herberge gelangte. Er trat an eine Tür und begehrte, als Gast aufgenommen zu werden. Da kam ihm eine Frau entgegen, welche zu ihm sprach: »Wohl, du magst hier übernachten und deine Mahlzeit genießen, nur gedulde dich ein wenig, ich werde einen Fisch kochen und dir bringen.«

Nun war aber Salih außerordentlich hungrig, und da die Frau übermäßig lange zauderte, so geriet er in einen sehr elenden Zustand. Endlich war der Fisch gekocht, und die Frau brachte ihn her, bei welcher Gelegenheit Salih ihr, weil sie so spät gekommen war, einen zornigen Blick zuwarf. Da ereiferte sich aber auch die Frau und sprach: »O Salih, meinst du etwa, du wollest mich umbringen, wie du durch deinen Zorn jenen Vogel auf dem Baum umgebracht hast? Meinst du, dein Blick habe auf Menschen ebensolchen Einfluß wie auf Vögel? Und gesetzt, er hätte diese Kraft, meinst du da, dies wäre ein heilsamer Einfluß? Aufzubauen solltest du trachten, ausreißen ist keine gute Eigenschaft!«

Als Salih die Frau so wundersame Worte reden hörte, fiel er ihr zu Füßen, bat sie um Verzeihung und befragte sie, wie sie zu einem solchen Grade der Erkenntnis gelangt sei. »Dadurch«, antwortete sie, »daß ich nach meiner Mutter Wohlgefallen getrachtet habe, bin ich zu dieser Erkenntnis gelangt. ›Das Paradies ist unter den Füßen der Mütter‹, hat der Prophet gesagt; nach diesem Spruche habe ich gehandelt; was meiner Mutter wohlgefiel, habe ich immer in Obacht genommen und mich keinen Schritt davon entfernt. Darum hat der Allmächtige mich so hoch steigen lassen. Hättest du auch das Wohlgefallen deiner Mutter im Auge gehabt, da wäre es dir nicht nötig erschienen, um der Erkenntnis willen eine Reise zu unternehmen. Und das wäre dir heilsamer gewesen.«

Salih hörte diese Rede, die von Gott eingegebene, an und kehrte, ohne nur einen Bissen zu genießen, unverzüglich nach Balch zurück, woselbst er sich dem Dienste seiner Mutter widmete. Durch ihre segensvolle Fürbitte wurde er dann auch von Erkenntnis und Gelehrsamkeit erfüllt. Es wurde ihm höhere Offenbarung verliehen, er wurde weit und breit berühmt, und von allen Seiten strömten Leute herbei, um seines Segens teilhaftig zu werden.

Tutinama

الحلم سيد الأخلاق
١٣٩٢

V

Beziehungen der Menschen untereinander

Der Gläubige ist der Spiegel des Gläubigen.

Muhammad

Pflanze Rosen, damit dein Land ein Garten werde; pflanze keine Kameldisteln, sie würden dir in den Fuß gehen.

Paschto

Wenn jemand von einem anderen Gutes sagt, wendet sich das Gute zu ihm zurück, und in Wirklichkeit ist dieses Lob für ihn selbst. Er ist ähnlich wie jemand, der um sein Haus einen Rosenhag und Duftkräuter pflanzte; wann immer er hinsieht, erblickt er Rosen und Duftkräuter und ist ständig im Paradies. Wenn er sich angewöhnt hat, gut von anderen zu sprechen, sprechen die anderen auch gut von ihm. Wenn er Gutes von jemandem sagt, wird der sein Freund; wenn er an ihn denkt, denkt er an einen lieben Freund, und an einen lieben Freund zu denken ist wie Rosen und Rosenhag, Dufthauch und Rast. Aber wenn er schlecht von jemand spricht, dann erscheint er diesem verhaßt – wenn er an ihn denkt, und sein Bild ihm erscheint, ist es, als ob eine Schlange oder ein Skorpion, ein Dorn oder eine Distel vor seinen Augen erschienen sei.

Tu Gottes wegen allen Menschen gut,
und auch, damit dir deine Seele ruht,
damit du immer einen Freund nur siehst,
kein häßlich Bild aus Haß im Herzen siehst.

Nun, wenn du Tag und Nacht Rosen und Rosengärten und die Wiesen von Iram sehen kannst, warum gehst du inmitten von Dornbüschen und Schlangen umher? Liebe alle, damit du immer unter Rosen und in einem Garten weilst.

Rumi

Der Seele Frohsinn hängt nicht ab
von Rosen und von Grün –
dort, wo ein Herz sich aufgetan,
ist Garten voller Blühn!

Dard

Wenn jemand Gutes von dir denkt, dann bemühe dich, daß er recht hat!

'Ali

Drei erkennt man nur bei dreien: den Milden beim Zorn, den Tapferen beim Krieg und den Bruder, wenn man ihn braucht.

Muhammad

Gott wird sich niemandes erbarmen, der sich der Menschen nicht erbarmt.

Muhammad

Was ist höchster Schmuck am Menschenbilde?
Sanftmut gegen Freund und Feind und Milde;
Freundeskummer teilen und ihn heilen,
gegen Feinde sich nicht übereilen.

Saadi

Wer einen Blinden vierzig Schritte führt, dem werden seine früheren Sünden vergeben.

Muhammad

Kannst du auch vom Kranken nicht
dadurch die Krankheit nehmen,
daß dich dennoch nicht der Schritt,
ihn zu besuchen, reue!
Tausend süße Tränk' und
wohlgerucherfüllte Früchte
sind nicht so erquickend wie
der Geruch von Freundestreue!

Saadi

Säst Gerste du, dann erntest Gerste du;
das Hermelin gebiert ein Hermelin.

Saadi

Sprich nichts, was zu hören weh dir täte:
Weizen erntet nicht, wer Gerste säte!
Weislich hat gesprochen ein Brahman:
Deine Ehre tust du selbst dir an.
Wo du fluchest, wird man dich nicht segnen;
was du ausgesandt, wird dir begegnen.

Saadi

Keiner von euch ist wirklich gläubig, solange er nicht für seinen Bruder das gleiche wünscht wie für sich selbst.

Muhammad

Wer seinem Bruder eine Grube gräbt, fällt selbst hinein.

Muhammad

Wer seinen Bruder wegen einer Sünde tadelt, stirbt nicht, ohne die gleiche Sünde begangen zu haben.

Arabisch

Mähe das Schlechte aus der Brust eines anderen, indem du es aus deiner eigenen Brust reißest.

'Ali

Wenn du einen Fehler in deinem Bruder siehst, so ist der Fehler, den du in ihm siehst, in dir selber. Die Welt ist ja gleich einem Spiegel, in dem du dein eigenes Bild siehst, denn: »Der Gläubige ist der Spiegel des Gläubigen«. Reinige dich

von dem Fehler in dir; denn was dich am anderen schmerzt, schmerzt dich in Wirklichkeit in dir selbst.
Alle schlechten Eigenschaften wie Unterdrükkung, Haß, Neid, Gier, Unbarmherzigkeit, Lust, Zorn, Stolz – wenn sie in dir sind, schmerzt es dich nicht. Wenn du sie aber in einem anderen wahrnimmst, dann scheust du davor und es schmerzt und verletzt dich – doch wisse, daß du vor dir selbst scheust. Ein Mensch empfindet keinen Ekel vor seinem eigenen Geruch und seinem Abszeß; er taucht seine entzündete Hand in die Brühe und leckt sich die Finger ab, ohne sich im geringsten anzustellen. Aber wenn er einen kleinen Pickel oder einen halben Kratzer bei einem anderen sieht, dann mag er diese Suppe nicht und ekelt sich. Schlechte Eigenschaften sind ebenso wie Pickel und Geschwüre: wenn jemand sie hat, bekümmert ihn das nicht, aber wenn er sie in anderen auch nur in geringem Maße sieht, ist er bekümmert und angeekelt.

Rumi

Zwick dich in dein eigenes Ohr: genauso weh tut es anderen.

Paschto

Willst du nicht von Großen Unrecht leiden,
magst du schonen, lieber Freund, die Kleinen.
Tut dir weh der Tritt des Elefanten,
ei, so setz nicht auf Ameisen deinen!

Saadi

اشهد ان لا اله الا الله اشهد ان محمد رسول الله
صاحب الخيرات
محمد اغا
عمل
احمد

VI

Von der Pflicht, Gutes zu tun

Tu Gutes und wirf es in den Tigris.

Arabisch

Tu im Amte nichts, daß du verachtet
im Privatstand und getadelt seiest!
Sei in jedem Stande menschenfreundlich,
daß du jederzeit geadelt seiest!

Saadi

In der Verzeihung liegt ein lieblicher Geschmack, den es in der Rache nicht gibt.

Persisch

Wer Gutes tut, ist besser, als was er tut, und wer Schlechtes tut, ist schlechter, als was er tut.

'Ali

Starker Arm und Schwertschlag ist nicht
Heldenmut:
Das ist's, wenn man Unrecht tun kann
und nicht tut.

Saadi

Geduld ist bitter, aber sie trägt süße Frucht.

Arabisch

Wer keine Geduld hat, der hat auch keinen Glauben.

Muhammad

Saatkorn und Grund für Sieg ist die Geduld;
sie gleicht Oliven, und der Sieg: ihr Öl.

Nasir-i Chusrau

Scham ist ein Teil des Glaubens.

Muhammad

Wen die Scham bekleidet, dessen Fehler sehen die Menschen nicht.

'Ali

Bedächtiges Tun ist vom All-Erbarmer,
Eile ist vom Teufel.

Muhammad

Die Frucht der Übertreibung ist Reue, und die Frucht der klugen Beherrschung ist Gesundheit.

'Ali

Wer etwas sucht und sich bemüht,
wird es finden.

Muhammad

Nicht jeder, der sich bemüht,
kann eine Gazelle erjagen,
doch wer die Gazelle erjagt,
der hat sich sicher bemüht!

Arabisch

Die besten Menschen sind diejenigen, die sich am besten benehmen.

Muhammad

Wen du siehst sich gut betragen,
von dem sollst du nicht Schlimmes sagen.
Ein schöner Titel, wie du weißt,
verspricht ein gutes Buch zumeist.
Doch wessen Außenseit' unrein:
noch schlechter wird dessen Kehrseite sein.

Saadi

Wer den Menschen nicht dankbar ist, der ist auch Gott nicht dankbar.

Muhammad

Wenn Er dich loben läßt, wenn du es nicht verdienst,
dann preise Ihn, wie Er es verdient.

Ibn 'Ata Allah

In der Menschen Auge ist mein Äußres schön,
während ich verborgne Fehler büße:
alle Welt belobt am Pfau die Farbenpracht,
doch er schämt sich seiner garst'gen Füße.

Saadi

Das Geschenk der Ameise
ist ein Heuschreckenbein.

Persisch

Als Throngeschenk vor Salomon das Bein
von einer Heuschreck' bringen ist nicht fein,
doch ist's verdienstlich für ein Ameislein.

Saadi

Wer um Gottes willen gibt und um Gottes willen hindert und um Gottes willen liebt und um Gottes willen haßt und um Gottes willen heiratet, dessen Glaube ist vollkommen geworden.

Muhammad

Des Manns Beständigkeit und Ernst betrachte,
und Freundesliebe, Feindeshaß beachte;
dann schau auf seinen Glauben, seine Sitten –
hat er all dies, als glücklich du ihn achte!

Chuschhal Chan Chattak

VII

Von Armut, Bescheidung und Reichtum

Genügsamkeit ist ein unerschöpfliches Gut.

'Ali

Ich fragte einen welterfahrnen Alten:
»Was brauch ich für ein Kapital an Ware
und Geld, das Nutzen bringt fürs ganze
Leben?«
»Bescheidung und Zufriedenheit!« – das riet er.

Salman-i Sawadschi

Genügsamkeit ist ein Vermögen, das nie ausgegeben werden kann, und ein unvergänglicher Schatz.

'Ali

Der Fürst sollte bescheiden sein. Wenn ein Mann Bescheidenheit und Reinheit besitzt, streckt er seine Hand niemals nach etwas Unpassendem aus. Wem Gott Bescheidenheit und »Wasser der Augen« (Tränen) verleiht, dem verleiht Er auch Glück und Ehre (wörtlich: »Wasser des Gesichtes«). ... Was für etwas Feines ist Bescheidenheit, welche Zier für einen Mann! Sie ist der Strick, der ihn mit allen guten Dingen bindet.

Kutadgu Billig

Der Gläubige ißt mit *einem* Magen und der Ungläubige mit sieben Mägen.

Muhammad

Die Welt kannst du dir unterwerfen
mit der Entsagung Schwert:
der ganze Garten ist dem eigen,
der dort kein Nest begehrt.

Kalim

Großmut ist ein Baum des Paradieses, dessen Zweige in die Welt herabhängen, und den, der einen dieser Zweige ergreift, bringt der Zweig ins Paradies; und Geiz ist ein Baum der Hölle, dessen Zweige in die Welt herabhängen, und den, der einen dieser Zweige ergreift, bringt er zur Hölle.

'Ali

Eines Tages kam eine Taube hastigen Fluges zu Moses, dem großen Propheten, den sie anflehte: »Gnade, o Prophet Gottes! Mich verfolgt ein Wüterich, rette mich vor ihm!«
Moses gewährte dem geängstigten Tiere eine Freistatt, indem er es sogleich unter sein Gewand nahm. Da kam der Habicht hinterdrein geflogen und redete den Propheten an: »O Moses, mich quält des Hungers Wut – nach Nahrung verlang ich samt meiner Brut – da du mir meinen Fraß raubst, begehst du gegen mich ein großes Unrecht.« – »O Habicht«, antwortete Moses, »verlangst du von mir diese Taube oder nur im allgemeinen deine Nahrung? Im ersteren Fall muß ich dir sagen, daß dies unschuldige

Tier sich in meinen Schutz gegeben hat und daß ich unter keiner Bedingung in seinen Tod einwilligen kann. Im anderen Falle aber will ich mich bemühen, dich nicht leer heimkehren zu lassen.« – Als der Habicht geantwortet hatte, daß er nur irgendeine Nahrung verlange, da schnitt Moses von seinen heiligen Gliedern soviel Fleisch ab, wie eine Taube wiegt, und war eben im Begriff, es dem Habicht zu überreichen, als dieser zu ihm sprach: »O Prophet Gottes, ich bin Michael, und was du als Taube zu sehen glaubst, ist Gabriel. Der Grund, weshalb wir in solcher Gestalt zu dir gekommen sind, ist, deine Großmut und deinen Edelsinn zu prüfen und zu offenbaren.«

Tutinama

Niemals erhält der Edle je Anteil
von seinem Edelmut, sieh –
Unter dem Schatten der eigenen Schwingen,
ach, sitzt der Phönix ja nie!

Nasir 'Ali Sirhindi

Wer sein Geschenk zurücknimmt, ist wie ein Hund, der Futter ausspeit und dann das Erbrochene wieder frißt.

Muhammad

Du bist frei von dem, auf das du nicht hoffst, und Sklave dessen, was du begehrst.

Ibn 'Ata Allah

Der edelste Reichtum ist das Aufgeben von Wünschen.

'Ali

Dankbarkeit ist eine Jagd, die Wohltaten fesselt. Wenn du die Stimme der Dankbarkeit hörst, bist du bereit, mehr zu geben. Wenn Gott einen Diener liebt, sucht Er ihn heim; wenn er duldet, wählt Er ihn aus; wenn er dankbar ist, erwählt Er ihn. Manche Menschen danken Gott für Seine Zornesmacht, und andere sind Ihm dankbar für Seine Huld. Jedes der beiden ist gut, denn Dankbarkeit ist ein Gegengift, das Zorn in Gnade verwandelt.

Rumi

Ich habe von einem närrischen Schelm gehört, der sich im jungen Besitz eines alten Goldstücks befand. Von den Beamten der Münze war ihm zu Ohren gekommen, Gold ziehe Gold an, ein Schatz den anderen. Er lief also in den Basar, um mit seinem Dukaten Gold anzuziehen, gelangte zum Laden eines Juweliers und erblickte Gold, so viel hatte er nie zuvor gesehen. Ein ganzer großer Beutel war da ausgeschüttet, Goldstaub in Fülle und Dukaten über Dukaten. In Hoffnung auf diesen ummauerten Reichtum warf jener seine Münze hin. Doch war sie seinen Fingern kaum entglitten, als sie auch schon hinüberrollte zum Schatz des Wechslers. Vergebens hoffte der Mann, Gold zu gewinnen, eines in hundert zu verwandeln. Jämmerlich schrie er nach dem Gold und beklagte sich bei dem Juwelier:

»Vom Reichtum dieser Welt war mir nach, ach, wie langem Säumen ein Goldstück in die Hand gefallen. Von keinem Dummkopf, nein, von einem Klugen hatte ich vernommen: ›Gold zieht Gold an, wenn du es zueinanderlegst.‹ So stürmte ich zum Schatz in diesen Laden und warf mein Goldstück neben deinen Schatz, hoffend, daß er zu jenem gleiten werde. Statt dessen mischte sich nun dies mein Gold in jenes Gold!«

Der brave Juwelier lachte und klärte ihn über das Geldvermischen auf: »Vieles kommt nicht zu wenigem, hundert nicht zu einem, eines kommt zu hundert.«

Nizami

Als jemand Buzurgmihr fragte: »Ist *adab*, gute Erziehung, besser oder Geld?« antwortete er: »Sicher gutes Benehmen.«
Da wurde er gefragt: »Wie kommt es dann, daß die mit guter Bildung an der Tür der Reichen stehen, doch nie sehen wir die Reichen an der Tür der Hochgebildeten?«
Da antwortete er: »Weil die mit feiner Bildung um den Wert des Geldes wissen, die Reichen aber nicht um den Wert der feinen Bildung.«

Baihaqi

Wer sich mit Dingen der Religion befaßt, wird meist nicht sehr reich.

... Wenn die Erzeugnisse lebensnotwendig in der Kultur sind und ein allgemeines Bedürfnis nach ihnen besteht, ist ihr Wert höher und die Nachfrage nach ihnen stärker.
Die Masse des Volkes braucht nicht notwendigerweise die religiösen Dinge, mit denen jene sich beschäftigen; nur auserwählte Leute bedürfen ihrer, die sich besonders mit ihrer Religion befassen; weiter braucht man sie, wenn man einen Richterspruch oder ein Rechtsgutachten in Streitfällen benötigt; das ist nicht lebensnotwendig und allgemein. So kann man jene meistenteils entbehren. Der Herrscher sorgt wohl für sie und für die Durchführung der ihnen zukommenden Ehrungen, da er auf die Interessen (der Untertanen) bedacht sein muß, und er teilt ihnen ein bestimmtes Gehalt zu, das im Verhältnis zum Bedarf nach ihnen steht... Er stellt sie nicht den Angehörigen des Heeres gleich und nicht denjenigen, welche lebenswichtige Handwerke betreiben, wenn auch ihre Waren vom Standpunkt der Religion und der Gesetzesvorschriften aus wertvoller sind...

So haben nur wenige von den Gelehrten den ihnen gerechterweise zukommenden Anteil (an Reichtum). Sie sind wegen des edlen Wesens ihrer Tätigkeit auch ihrer Meinung nach besonders geachtet beim Volk; sie erniedrigen sich nicht vor einflußreichen Leuten, um von ihnen eine Stellung zu erhalten, aus der sie Gewinn ziehen könnten. Vielmehr haben sie gar keine Zeit für so etwas, da sie mit der Arbeit an diesen edlen Dingen beschäftigt sind, die Nachdenken und Überlegung in sich schließen, und wegen des hohen Wertes ihrer Tätigkeit ist es ihnen nicht möglich, sich an die Großen dieser Welt wegzuwerfen – das liegt ihnen ganz fern, und deshalb gewinnen sie meist keinen Reichtum.

Ibn Chaldun

Wenn in der ganzen Stadt es gäb nur eine
Klette,
sie würde fallen auf des ärmsten Bettlers Bette.
Wie auch in Gradheit mag der Waage Balken
prahlen,
er neigt sich dahin, wo am meisten in den
Schalen.

Saadi

Das Öl des Armen brennt nicht, das Wasser des Reichen fängt Feuer.

Paschto

Das Wasser des Mächtigen geht bergauf.

Paschto

Gold hütet Scham und Schande dir im Reich,
Gold schafft Gesellschaft unter Menschen
gleich;
sehr schwere Werke werden leicht durch Gold:
Leg Gold auf Stahl – dann wird der Stahl selbst
weich!

Chuschhal Chan Chattak

Am Ehrenplatz stolziert er, der wohl Millionen
stahl –
wer ein paar Heller klaute, den trifft Galeeren-
qual.
Bei reichen Leuten wurde der Glaube Geld,
nichts mehr.
Nur bei den Armen hält sich das Wort von
Pflicht und Ehr'.

Ziya Pascha

Vermögen ist eine Viper, und hoher Rang ist noch schädlicher.

Muhammad

Je größer das Dach, desto mehr Schnee!

Persisch

Je reicher man ist, desto bedürftiger!

Paschto

Je leichter das Gepäck des Wandrers sei,
je mehr ist auf dem Weg er sorgenfrei.
Ein Wandrer bist in dieser Welt auch du –
erkenne dies, und nüchtern bind den Schuh.
Je mehr Vermögen, sind die Sorgen schwer:
der faltenreiche Turban drückt dich mehr!

Dara Schikoh

Gier ist eine ewige Sklaverei.

'Ali

Solange das Kind nicht weint, gibt ihm die Mutter keine Milch.

Persisch

Das Kamel, das Futter will, streckt den Hals aus.

Paschto

Um *einer* Rose willen muß man die Dankesschuld von Hunderten von Dornen tragen.

Paschto

'Ali ibn 'Ali Talib verdingte sich als Arbeiter, und als er deswegen getadelt wurde, sagte er:

Von Bergeshöhen Steine fortzutragen
Ist leichter mir, als Dankesschuld bei Menschen.
Die Leute sagen: »Broterwerb ist Schande!«
Sich bittend zu erniedrigen ist Schande!

'Attar

Tust du mir wohl, so ist es für dich besser;
tust du es nicht, so ist es für mich besser.
Denn Wohltun bringt die Last der
Dankbarkeit –
der Kluge fühlt ohn' diese Last sich besser!

Chuschhal Chan Chattak

Um des Nutzens willen küßt man den Eselshintern.

Paschto

Wie ruhig ist, wer keinen Esel hat,
und nichts von Stroh und Futter für ihn weiß!

Persisch

Die Vollkommnen sind im schlechten Kleide
wie die Perl' im Muschelschrein.
Der du Lebenswasser hast zu schöpfen:
laß den Krug nur tönern sein!

Saadi

انما بعثت لاتمم مكارم الاخلاق
١٣٩٣
كتبه احسان

VIII

Die Verantwortlichkeit des Menschen

Von dem, was du gewebt, zieh an ein Kleid,
von dem, was du gepflanzt, trink allezeit!

Rumi

Was klagst du übern Himmelslauf?
Klag über dein Betragen,
denn über Schädigung von dir
hat noch die Welt zu klagen.
Sagt ich dir's nicht: »Sei boshaft nicht
wie Wespen!« Du wirst's büßen:
Wenn dir der Stachel fehlt, tritt man
dir auf den Kopf mit Füßen.

Saadi

Sie molk in ein Sieb und klagte über das Schicksal.

Paschto

Ein Mann kletterte auf einen Aprikosenbaum, schüttelte die Früchte und aß sie. Der Gartenbesitzer fragte: »Fürchtest du dich nicht vor Gott? Warum tust du so etwas Ungesetzliches?« Der Mann sagte: »Warum sollte ich mich fürchten? Der Baum gehört Gott, und ich bin Gottes Diener. Gottes Diener hat von Gottes Baum gegessen!« Der Besitzer rief: »Warte und sieh, bis ich dir eine Antwort gebe!« Er rief: »Bringt einen Strick, bindet den da an diesen Baum und prügelt ihn!« Der Mann jammerte: »Fürchtest du dich denn nicht vor Gott?« Der Besitzer sagte: »Warum sollte ich mich fürchten? Du bist Gottes Diener, und dies ist Gottes Stock. Ich schlage Gottes Diener mit Gottes Stock!«

Rumi

Man schlägt die Kuh, die sich dem Joch nicht beugt,
doch wird sie nicht gestraft, wenn sie nicht fliegt.

Rumi

Wenn rechts und links bricht Unheil in die
Welt,
und vor und hinter Feu'r vom Himmel fällt,
nimm dir nur Gradheit vor und sei getrost;
denn viele sind zu deinem Schutz bestellt.
Weil keinem du das Herz gekränket hast,
bleibt ungekränkt dein Herz von aller Welt.
Nur hinter Dieben sind die Wächter her;
nur gegen Mörder zieht der Vogt zu Feld!

Saadi

Auf gradem Wege kommst du zum Ziele wohl
hinan:
sei grad, und dein ist alles, was man dir
wünschen kann.
Dich reut ein grader Stecken, ins Feuer ihn zu
tun:
man wird ins Höllenfeuer nicht tun den graden
Mann!

Saadi

Sagt jemand Böses, hör es nicht;
tut jemand Böses, sag es nicht;
geht jemand irr, so halt ihn an,
und sündigt er, vergib ihm dann.

Ghalib

Wer da weiß, daß, was er sagt, der Sultan tut –
weh ihm, wenn er andres sagt als was ist gut.

Saadi

Der Bagdader Mystiker Schibli starb 945. Nach seinem Tode sah ihn einer seiner Freunde im Traum und fragte: »Wie hat Gott dich behandelt?« Er sagte: »Er hat mich vor Sich gestellt und gefragt: ›Abu Bakr, weißt du, weshalb Ich dir vergeben habe?‹ Ich sagte: ›Wegen meiner guten Werke.‹ Er sagte: ›Nein.‹ Ich sagte: ›Wegen meiner Pilgerfahrt und meines Fastens und meiner Pflichtgebete.‹ Er sagte: ›Nein, nicht deswegen habe Ich dir vergeben.‹ Ich sagte:

›Wegen meiner Reisen, um Wissen zu erwerben, und weil ich zu den Frommen ausgewandert bin.‹ Er sagte: ›Nein!‹ Ich sagte: ›O Herr, dies sind die Werke, die zur Rettung führen, die habe ich über alles gestellt und bei denen habe ich gedacht, daß Du mir ihretwegen vergeben würdest.‹ Er sprach: ›Doch nicht um all dieser Dinge willen habe Ich dir verziehen.‹ Ich sagte: ›O Herr, weshalb denn?‹ Er sprach: ›Erinnerst du dich, wie du durch die Gassen von Bagdad gingst und ein Kätzchen fandest, das vor Kälte ganz schwach geworden war und von Mauer zu Mauer lief, um Schutz vor der schneidenden Kälte und dem Schnee zu suchen, und du hast es aus Mitleid aufgehoben und in deinen Pelz gesteckt und hast es so vor der Qual der Kälte geschützt?‹ Ich sagte: ›Ja, ich erinnere mich.‹ Er sprach: ›Weil du mit dieser Katze Erbarmen hattest, darum habe Ich Mich deiner erbarmt.‹«

Arabisch

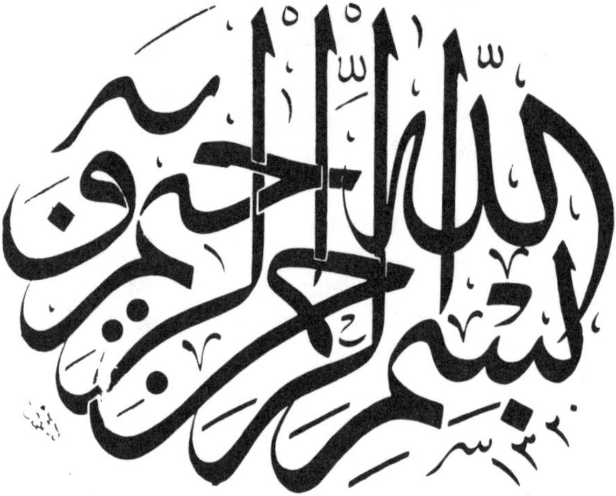
بسم الله الرحمن الرحيم

IX

Wissen und Weisheit – die Gefahren der Dummheit

Suche Wissen selbst in China.

Muhammad

Nach Wissen zu suchen ist religiöse Pflicht jedes Muslims.

Muhammad

Die Weisheit ist das verlorene Schaf des Gläubigen; so nimm denn die Weisheit, selbst von Heuchlern!

'Ali

Die Weisheit ist das verirrte Schaf des Gläubigen; wo immer er sie findet, da ergreift er sie.

Muhammad

Kein Vater schenkt seinem Kind etwas Besseres als eine gute Erziehung!

Arabisch

Wissen erwerben in der Kindheit ist wie eine Inschrift, gemeißelt in Stein, aber Wissen, das man im Alter erwirbt, ist wie auf Wasser geschrieben.

Muhammad

Glücklich, wes Absicht gut ist. Sein Gewissen
wird gute Wünsche für das Volk nie missen.
Er strebt nach Wissen und nach Gottesdienst –
des Lebens Frucht ist Gottesdienst und Wissen.

Chuschhal Chan Chattak

Es gibt keinen Reichtum wie Verstand
und keine Armut wie Unwissenheit,
keine Erbschaft wie gutes Benehmen
und keinen Helfer wie Beratung.

'Ali

Ein Weiser ist in Unverständ'ger Mitten
(ein Gleichnis, dessen Wahrheit unbestritten!),
ein schöner Schenke bei der Blinden Schmause,
ein Koran in der Gottesleugner Hause.

Saadi

Jedes Gefäß wird enger, wenn man es füllt, nur das Gefäß des Wissens nicht, denn das dehnt sich aus.

'Ali

Siehst du jemanden
antworten auf alles, was man ihn fragt,
  aussprechen alles, was er bemerkt,
    erwähnen alles, was er gelernt –
so schließe daraus: Er ist ein Tor.

Ibn 'Ata Allah

Die Menschen sind Feinde dessen, das sie nicht kennen.

'Ali

Wie manchen Gelehrten hat seine Unwissenheit getötet, während ihm sein Wissen nicht genützt hat (weil er das Wissen nicht angewandt hat).

'Ali

Ein Meisterphilologe stieg ins Boot
und wandte sich gar stolz dem Schiffer zu:
»Studiertest du Grammatik?« Der sprach: »Nein!«
»Dann hast dein halbes Leben du verloren!«
Der Schiffer war betrübt und war gekränkt,
doch schwieg er still und gab ihm Antwort nicht.
Der Sturm trieb nun das Boot in Wirbel-Wogen.
Da fragte er den klugen Philologen:
»Sag, kannst du schwimmen?« »Nein, mein guter Mann.«

Der Schiffer sprach: »Dein ganzes Leben dann
hast du verloren, o du Philolog,
da unser Boot sinkt in des Wirbels Sog!
Du brauchst Entwerden, nicht Philologie –
bist du entworden, fürchte nicht die Flut.
Das Wasser läßt den Toten oben treiben,
wie könnten Lebende dort aktiv bleiben?
Denn starbst du von der Menschen
Eigenschaften,
wird der Mysterien Meer dich hoch erheben.
Der du die Menschen ›Esel‹ grad genannt –
jetzt stehst du, wie auf Eis der Esel stand!
Soll man dich als den Allerklügsten sehen:
die Zeit muß – denk dran! – und die Welt
vergehen!«

Rumi

Mach einen Schild aus Wissen, denn es gibt
nichts, was dich besser schützt vor Leid und
Kummer.
Der Mensch, der einen solchen Wissensschild
besitzt,
der wird nicht leiden unter Schicksalsschlägen!

Nasir-i Chusrau

Der Schlaf des Wissenden ist Gottesdienst und sein Atem Gotteslob.

Muhammad

Manche haben studiert und sind Lehrer geworden; manche haben studiert und sind leerer geworden!

Paschto

Vor dem Dummen fürchtet sich sogar der Berg: er könnte ja Feuer an ihn legen.

Paschto

Weit in die Berge floh der Sohn Marias,
als wollt ein Löwe wild sein Blut vergießen.
Ein Mann lief hinter ihm und rief: »O Jesus,
was rennst du so, wo keiner dich verfolgt?«
Doch derart eilend fuhr er fort zu rennen,
daß er vor Eile keine Antwort gab.
Der andre folgte ihm noch ein, zwei Meilen
und rief mit größter Mühe Jesus an:
»Um Gottes willen! Bleib doch einmal stehen –
ich habe ein Problem: dich fliehn zu sehen!
Vor wem, o Edler, rennst du denn hinweg?
Kein Löwe folgt, kein Feind dir, fürchte
nichts!«
Er sprach: »Ich fliehe vor den Dummen!
Fort! –
Ich mach mich frei; nun binde *du* mich nicht!«
Der sprach: »Bist du denn Jesus nicht, sag an,
der Blinde und der Taube heilen kann?«
Er sagte: »Ja!« »Bist du der König nicht,
der alles Unsichtbaren Zauber kennt,
und hauchst du damit einen Toten an,
dem Löwen gleich springt er lebendig dann?«
Er sprach: »Ganz recht, ich bin's.«
Der andre frug:
»Machst du nicht Vögelchen aus Lehm, ganz
klug?«

Er sprach: »Jawohl.« Der sagte: »Geist so
rein –
du kannst doch alles, was bekümmert dich?
Du hast doch solche Kraft, daß in der Welt
von Menschen nichts sich dir entgegenstellt!
Was kümmert es die Sonne, die sich hebt,
auch wenn der Wintersturm am Himmel tobt?«
Da sagte Jesus: »Bei dem Reinen Wesen
des Schöpfers, der den Leib, die Seele schuf,
ist's dieser Zauber, ist der Größte Name,
den ich auf Blinde blies, auf Taube, Lahme,
und haucht ich ihn auf einen Berg aus Stein,
zerrisse der sein Kleid und fiel in Stücke,
haucht ich ihn auf den Toten, würd er leben,
haucht ich aufs Nichts, es würde etwas geben.
Doch haucht ich ihn auf eines Dummkopfs
Herz
auch tausendmal – es würde ihm nicht helfen,
es bliebe harter Stein, sich niemals ändernd,
es würde Sand, aus dem nie Saat erwüchse!«
Er sprach: »Wie kommt es, daß der Name
Gottes
dort hilft, und hier kein Nutzen ist, voll
Spottes?
Es ist doch Krankheit dort und ist auch hier,
wie heilst du jenes, und nicht dieses hier?«
Er sprach: »Der Dummheit Schmerz ist Gottes
Zorn,

doch Blindheit, Krankheit sind Heimsuchung nur.
Heimsuchung ist ein Schmerz, der Gnaden bringt,
doch Dummheit ist ein Schmerz, der Schaden bringt...!«

Flieh vor den Dummen, wie es Jesus tat.
Freundschaft mit Dummen: da vergießt man Blut,
so wie die Luft das Wasser langsam stiehlt,
so stiehlt den Glauben auch von dir der Dumme.
Er stiehlt dir Wärme, tauscht dir Kälte ein,
wie wenn du untern Hintern legst 'nen Stein.
Denn Jesu Flucht war nicht aus Furcht und Angst –
er ist ja sicher! – es war zur Belehrung.

Rumi

X

Über Hochmut und Eitelkeit

Dessen Größe hat keinen Bestand,
wer alle Menschen klein befand.

Persisch

Besitzt du reinen Moschus, sag es nicht –
er gibt sich selbst durch seinen Duft ja kund!

Daulatschah

Hochmut ist schlimmer als Grausamkeit, die ihrerseits schon die schlimmste Sünde ist, und Demut ist besser als Erbarmen, das seinerseits die beste der frommen Handlungen ist. Hochmut ist ein Begriff, der alles Übel umfaßt; während Demut ein Begriff ist, der alles Gute in sich birgt. Demut folgt dem Hochmut nach, und Erbarmen kommt nach der Grausamkeit.
Würde der Hochmut nur edle und schöne oder freigiebige, vertrauenswürdige oder aufrichtige Menschen befallen, so wäre er leichter zu ertragen und geringfügiger zu beurteilen, oder wenn er wenigstens nur bei trefflichen Leuten vorkäme und nur vorzügliche Menschen in den Irrtum führte, aber wir finden ihn beim gemeinen Volk ebenso, wie wir ihm in der Oberschicht begegnen, finden ihn bei häßlichen Personen ebenso wie bei schönen, bei tadelnswerten Leuten ebenso wie bei guten, bei niedrigen und mit

Fehlern behafteten ebenso wie bei vollwertigen und vollkommenen, bei Feiglingen wie bei Helden, bei Lügnern wie bei Freien und Aufrichtigen, bei Sklaven wie bei Freien …

Dschahiz

Dem Affen erscheint sein Junges wie eine Gazelle.

Arabisch

Die Krähe sprach: »O mein weißfedriges
Söhnlein!«
Der Igel sprach: »O mein sanftfelliges
Söhnlein!«

Paschto

Wer von sich gut denkt, kennt sich nicht,
und wer von Gott schlecht denkt, kennt Gott nicht.

Abu Saʿid

Die beste Klasse der Menschen in dieser Welt ist die, welche sich nicht über die Niedrigen erhebt und sich nicht vor den Hohen erniedrigt.

Ibn al-Muqaffaʿ

Wer behauptet, sich selbst erniedrigt zu haben,
der ist wahrhaftig hochmütig,
denn es gibt keine Selbsterniedrigung als vor einem hohen Rang,
und wenn du selbst dir solchen Rang anmaßest,
dann bist du wahrhaftig hochmütig.

Ibn ʿAta Allah

Der Baum sagte:
»Wäre der Axtgriff nicht aus meinem Körper
gemacht,
wer könnte mich fällen?«

Paschto

Ein Adler hob von seinem Felsnest sich
und spreizte gierig aus sein Federkleid.
Er ordnete die Schwingen recht und sagte:
»Die ganze Welt liegt unter meinen Flügeln!
Flieg hoch ich, sieht die Sonne mich nicht mehr,
ich aber sehe Stäubchen tief im Meer,
und kröch ein Ameislein ganz fern im Staub,
seh ich, wie sich das Tierchen dort bewegt.«
So gab er an, dacht nicht an Gottes Macht –
doch was geschah vom Himmel grausam ihm?
Ganz plötzlich kam von einem Hinterhalt
ein Pfeil, gesandt von einem starken Bogen.
Der Pfeil durchbohrte seine Flügel ihm
und warf aus Wolken ihn zum Erdenstaub.
Er zappelte im Staube wie ein Fisch,
und seine Federn fielen rechts und links.
»Wie sonderbar – das Ding ist Holz und Stahl!
Wie konnt so scharf es sein, so voller Qual?«

Er blickte hin und sah, daß Adlerfedern
am Pfeile saßen. Und so rief er stolz:
»Ganz klar, von *mir* kam das, was mich jetzt
traf!«

Nasir-i Chusrau

Der Frosch stieg auf den Kameldung und rief:
»Ich habe Kaschmir gesehen!«

Paschto

XI

Über den Umgang mit niedrigen und unerfreulichen Menschen

Wie könnte der Esel den Wert Jesu kennen?

Persisch

Das Meer wird nicht unrein, wenn ein Hund daraus trinkt.

Persisch

So alt der Seidenstoff auch werden mag, er wird doch nie zu einem Schuhriemen!

Persisch

Weiser Mann, wenn ein Gemeiner dich
beleidigt,
laß es nicht das Herz dir kränken und verletzen:
Brach ein schlechter Stein das Goldgefäß – nicht
höher
wird man drum ihn und das Gold nicht niedrer
schätzen.

Saadi

Die Frommen und Propheten litten
stets von der Ungeschliffnen Sitten.
Betrüb dich nicht: von schmutz'gen Händen
läßt Gold und Silber sich umwenden.
Sie werden nicht an Wert verlieren,
und nie erreicht das Kupfer ihren!

Saadi

Ich gräme mich nicht, wenn ein dummer Kerl
aus Ärger Stricke für mich legen mag.
Sollt sich die Wolke hoch am Himmel grämen,
wenn sie der Hund anbellt den ganzen Tag?

Nasir-i Chusrau

Man kann die Sonne nicht mit Lehm beschmieren.

Persisch

Der Mond läßt sich nicht durch einen Finger verstecken.

Persisch

Wenn du der Helden Sitten wählen wirst,
dich nicht an Gold und Silber binden wirst:
wird dir auch Krone nicht und Thron zuteil,
bist Kaiser du von Rom und Chinas Fürst.

Chuschhal Chan Chattak

Wie schön sprach doch der alte Magierpriester
(häng dir sein Wort als Ohrring in dein Ohr!):
»Wer sich die Eule wählt als seinen Führer,
wird nur Ruinen sehn, mit Eulen voll!«

Nasir-i Chusrau

So hüte dich, befreunde nicht die Niedern,
erniedrige die edle Seele nicht!
Halte dich, Bruder, fern von den Gemeinen,
und bau dein Haus nah an der Weisen Straße!
Mit klugen Freunden wird zum Hag der
Kerker –
schlechte Gesellschaft macht den Hag
zum Kerker!

Nasir-i Chusrau

Alleinsein ist besser als ein schlechter Gesellschafter, aber ein rechtschaffener Gefährte ist besser als Alleinsein.

Muhammad

(Suche) den Nachbarn vor dem Haus, den Gefährten vor dem Weg, und Wegzehrung vor der Reise.

Muhammad

Einem Wicht den Weg zum Guten weisen
ist, die Fackel vor dem Blinden zünden.
Schlechten, Ungeschliffnen Güt' erzeigen
ist, Getreid' sä'n auf morast'gen Gründen.

Saadi

Von deinem Leid nicht zu den Feinden sprich,
die sich freun und sagen: Gott tröste dich!

Saadi

Die Schlange weiß nicht, daß sie krumm ist, sie nennt den Kamelrücken krumm.

Kaschgari

Sieh nicht darauf, daß der Pfeffer klein ist; sieh, wie scharf er ist.

Persisch

Du kannst das Stadttor schließen,
aber den Mund der Gegner kannst du nicht
schließen.

Persisch

Was ist die Freundschaft des Esels?
Ein Fußtritt.

Paschto

Vom Niederen erwarte Treue nicht,
sah auch sein Herz sein Leben lang nur Licht.
Spatz wird nicht Falk, noch Krähe Papagei,
gäb Avicenna ihm auch Unterricht!

Chuschhal Chan Chattak

Von Unwürdigen erhoffe keine Treue;
das stinkende Rohr wird nie zu Zuckerrohr!

Paschto

Wenn du einen Hundeschwanz auch vierzig Tage in ein Rohr steckst, wird er doch nicht grade.

Türkisch; im Paschto: »hundert Jahre«

Durch ein buntes Halsband wird ein Köter kein Jagdhund.

Paschto

Gibt eine Uniform wohl dem Niedern Adel
hoch?
Trotz goldbroschiertem Sattel bleibt Esel Esel
doch!

Ziya Pascha

Wo ein Sehnsuchtsvoller lustberauscht
auf der Turteltaube Klagen lauscht,
blökt ein Vieh darein aus voller Brust
und verkümmert jenem seine Lust.
Schade für der Nachtigall Getön,
daß es stört ein Esel mit Gedröhn!
Warum sie nicht lieber stille schweigt,
bis der Esel seine Kunst gezeigt?

Saadi

XII

Wert des menschlichen Wortes

Was im Kessel ist, kommt auf den Schöpflöffel.

Persisch

Erst grüßen, dann reden!

'Ali

Einem, der zu reden anfängt, bevor er gegrüßt hat, dem antworte nicht.

Muhammad

Besser, daß einer laut mit dir zanke
als schweigend auf deinen Gruß nicht danke.

Saadi

Wenn man »Feuer« sagt, verbrennt man sich den Mund nicht.

Persisch

Vom Wort »Halva« wird der Mund nicht süß.

Persisch

Sprecht, damit man euch erkennt, denn der Mensch ist unter seiner Zunge verborgen.

Muhammad

Wenn du keinen Knoblauch ißt, riechst du nicht danach.

Paschto

Der Geruch von Stolz, Gier und Begierde
kommt beim Sprechen wie Geruch von
Zwiebeln.
Wenn du schwörst: »Wann hätt ich die
gegessen?
Ich enthalt von Zwiebeln mich und
Knoblauch!«,
wird der Atem deines Eids Verräter!

Rumi

Das Wort ist der Spiegel des Sprechenden.

Persisch

Wie wundersam ist doch im Leib die Zunge!
Gesundheit ist und Krankheit ist die Zunge.
Wenn du mich gut siehst, wirst du es begreifen:
daß Paradies und Hölle ist die Zunge.

Chuschhal Chan Chattak

Verborgen ist die Vernunft
unter den Worten der Sprache –
denn eine Braut ist Vernunft,
und die Sprache ihr Schleier.

Nasir-i Chusrau

Die Zunge des Vernünftigen liegt unter seinem Herzen, und das Herz des Unvernünftigen liegt hinter seiner Zunge.

'Ali

Gesprochnes Wort kehrt nicht zum Munde
wieder,
drum mag sich erst ein Kluger fein bedenken,
daß er nicht einst bedenken muß: weswegen
sagt ich das Wort? Und dann hilft kein
Bedenken.

Saadi

Enthülle nicht die Geschichte,
denn sie verliert ihren Duft;
man schließe besser die Faust, denn
geöffnet enthält sie nur Luft.

ʿAbdulkarim von Bullri

Die stille Kuh ist besser – weiß der Kluge –
als Menschen, die viel leeres Stroh nur dreschen.

Nasir-i Chusrau

Reine Menschen sind wie Fische, schweigend;
die da schwatzen, gleichen ja den Spatzen!

Nasir-i Chusrau

Redet mit den Leuten nach Maßgabe ihres Verstandes!

Muhammad

Worte kommen im Maße des Verständnisses der Menschen. Unsere Worte sind wie Wasser, das der Wasseraufseher fließen läßt. Was weiß das Wasser, in welche Ebene der Aufseher es fließen läßt – ob in ein Gurkenbeet oder ein Zwiebelbeet oder ein Kohlbeet oder ein Rosenbeet? Das weiß ich: wenn das Wasser reichlich kommt, da gibt es viel durstiges Land, und wenn wenig kommt, da weiß ich, daß das Land klein ist – ein Gärtchen oder ein kleiner Innenhof. Es inspiriert die Weisheit der Zunge den Prediger entsprechend den Bestrebungen der Zuhörer.

Rumi

Wer viel schwört, kommt in die Hölle.

Muhammad

Wenn einer schwört, ist's klar in seinem Falle:
Mit Schwüren ja beginnen Lügen – alle!
Wer Wahres spricht, wird nicht des Schwurs
bedürfen,
und für den Lügner wird der Schwur zur Falle.

Chuschhal Chan Chattak

O mancher lichte Gedanke,
der durch der Dichter Gier
zum Staub der Rennbahn der Pferde
und Esel der Reichen ward!
Wie manche Handschrift am Schreibtisch
erregter Begierde, die
für ewig entehrt mit dem Lobe
von Fürst und Minister ward!

Bedil

Wie manch Gedicht läßt lang sein Inhalt
scheinen,
Und wenig Worte nur sind's, wenn du's liest,
und manches, das mit vielen Worten prunket,
in dem du nur Geschwätz und Torheit siehst!
Das Meer ist weit, doch salzig ist sein Wasser,
und süß der See, drin wenig Wasser fließt.

as-Sabi

XIII

Über den äußeren und inneren Kampf gegen das Böse

Dein größter Feind ist die Triebseele,
die zwischen deinen Rippen ist.

Muhammad

Der Krieg ist, wie gekostet
ihr habet sein Gericht,
nicht ein vom Hörensagen
mutmaßlicher Bericht.
Ja, wo ihr ihn erwecket,
erweckt ihr eine Schand',
und wo ihr auf ihn störet,
ist aufgestört ein Brand.
Das Weh wird euch zermalmen,
schwer wie ein Mühlstein ruht,
zweimal im Jahr wird's hecken
und werfen Zwillingsbrut!

Zuhair

Wenn du deinen Feind in deine Gewalt bekommst, so verzeihe ihm als Dank dafür, daß du ihn in deine Gewalt bekommen hast.

'Ali

Der Herrscher eines Reiches fehlt, wenn er
vergeudet Tag und Nacht in Rausch und Wein.
Welthüterschaft und Kaichosroen-Thron:
ein großes Amt ist das, halt es nicht klein!
Gott fragt dich einst am Tag der Rechenschaft,
warum ein Kind sich stieß an einem Stein!

Saadi

Einen Rat in Derwischweise will ich sagen,
will der Schah der Zeit ihm nicht Gehör
versagen:
Bist du Sieger, zittre vor dem Feind, der fiel –
eines Morgenseufzers Pfeil erreicht sein Ziel!

Saadi

Ihr seid vom kleineren Glaubenskrieg zum größeren Glaubenskrieg gekommen; das ist, wenn der Mensch seine Lüste bekämpft.

Muhammad

Der wahre Glaubenskämpfer ist jemand, der seine Triebseele um Gottes willen bekämpft.

Muhammad

Mit allen Menschen Frieden halten
ist nicht so schwer –
doch mit sich selber stets im Krieg sein
ist es viel mehr!

'Andalib

Ein kluger Mann hob an, Jesus zu fragen:
»Was ist am schwersten in der Welt zu tragen?«
Er sagte: »Gottes Zorn – die Hölle bebt
vor ihm so wie auch jeder, der da lebt.«
»Und was kann vor dem Gotteszorn mich schützen?«
»Beherrsch den eignen Zorn, das wird dir nützen!«

Rumi

XIV

Über Tyrannen und Heuchler

Wenn ein Waisenkind weint,
erzittert der Gottesthron wegen seines Weinens.

Muhammad

Bemitleidet drei: den Reichsten seines Volkes, wenn er verarmt; den Mächtigsten seines Volkes, wenn er erniedrigt wird, und einen Gelehrten, mit dem sich die Dummen amüsieren.

Muhammad

Die Schlinge weltlichen Strebens,
aus langem Atem geformt,
so wie die Spinne nur immer
aus Speichel ein Netz sich webt!

Bedil

Wie der Hahn sich brüsten mag als Sieger:
gegen Falkenklau'n ist er kein Krieger.
Für die Maus ein Löw' ist wohl die Katze,
aber eine Maus nur für den Tiger.

Saadi

Hüte dich vor der Bosheit dessen, dem du eine Wohltat erwiesen hast.

Muhammad

Eine schlechte Tat, die dir schlecht erscheint, ist in Gottes Sicht besser als eine gute Tat, die dich selbstgefällig macht.

'Ali

Wer dir erzählt der andern Leute Fehler,
wird andern auch erzählen deine Fehler.
Schwarz werde das Gesicht der Kritikaster,
die offen loben, heimlich finden Fehler!

Chuschhal Chan Chattak

Hat Herzensbund er zerschnitten,
ist doch der Neid nicht still –
das Mundaufsperren der Schere
vermehrt sich beim Schneiden ja noch!

Bedil

Weißt du, was der Vater Zal zu Rustam
sprach?
»Achten darf man keinen Feind gering und
schwach:
Oftmals sehn wir: eine kleine Quelle rann,
bis sie groß war, und verschlang dann Roß und
Mann.«

Saadi

Nahe den Großen zu sein
macht einen Niedren nicht edel,
wird doch nicht kostbar das Garn,
das durch die Perlen man zieht!

Kalim

Wenn einer durch Gottes Fügung gefallen,
gleich wird er getreten mit Füßen von allen;
doch sehn sie Glück ihm die Hand hinhalten,
gleich werden sie vor ihm die Hände falten.

Saadi

Ich habe Kinder, Brüder hier gesehen,
ich habe Freunde, Liebste auch gesehen –
ich blickte näher und sah keinen Menschen –
ich habe Hunde, Wölfe hier gesehen!

Chuschhal Chan Chattak

Treu' entweder gab es niemals in der Welt,
oder niemand lebt jetzt, der sie treibe:
Keiner hat von mir die Schützenkunst gelernt,
der zuletzt nicht mich gemacht zur Scheibe.

Saadi

Es läßt der Geizhals für zwei Heller dich,
der Knabe für zwei Trauben dich im Stich.
Bist weise du, so trau nicht diesen beiden:
nutzlos ist ihre Freundschaft sicherlich!

Chuschhal Chan Chattak

Vorzug muß man einem Hunde schenken
vor dem Menschen, der den Freund kann
kränken.
Hier der Mensch beim Essen dein Geselle,
und verbannt der Hund dort vor der Schwelle.
Schande, daß der Hund dir treu sich zeigt
und der Mensch zu Feindlichkeit geneigt!

Saadi

Wenn der Übeltäter gelobt wird, zürnt der Herr, und der Gottesthron erzittert deswegen.

Muhammad

Hartherzig wird, wer kräftig
und mächtig ward:
Steinherzig wird der Tropfen,
der Perle ward.

Dard

Den Wolf, wild reißend, sollte man zwar
töten,
doch ist er besser als die Unterdrücker!

Nasir-i Chusrau

Der Bedrücker ist der Wespe gleich –
jammern macht er manchen armen Tropf.
Warte, bis er eines Tages fällt:
dann tritt man mit Füßen ihm den Kopf!

Saadi

Zehn Derwische schlafen auf einer Matte –
zwei Könige passen nicht in ein Land!

Persisch

Auf einen Sultan

Hufeisen aus der Waisen Gold
gibt er dem Pferd,
und aus der Witwe Garn macht er
Prunkzügel sich.
Doch brennt ein Mal das Eisen ihm
tief in sein Herz,
der Faden wird um seinen Hals
zum Galgenstrick!

Baba Sauda'i

Das Haus des Gesetzes liegt in Ruinen – die
Frommen
bauen ja nur ihrer Turbane Kuppeln hoch auf!

Talib-i Amuli

Wenn du Macht willst, die nimmer vergeht,
so stütze dich nimmer auf Macht, die vergeht.

Ibn 'Ata Allah

Besser heimlich sünd'gen als mit Frömmigkeit
sich brüsten;
wenn du Gott willst dienen, kannst du dienen
nicht den Lüsten.

Saadi

Such nicht den Kern der Weisheit beim
Asketen,
denn tropfengleich
hat keinen Kopf er, wenn du ihm den Turban
abnehmen willst!

Bedil

Die beste Askese ist das Verbergen der Askese.

'Ali

Der Scheich zieht sein Gebet so lange hin:
Zu Gärten, Pferden, Frauen schweift sein Sinn,
zu bunten Teppichen und Seidenkleidern,
und Gold- und Silberschätze sieht er drin!

Chuschhal Chan Chattak

Sie predigen in der Moschee
    dem niedren Volke
von Paradies und Huris schön,
    von Essen, Trinken,
und schreien laut aus Hoffnung drauf
    und brüllen kräftig,
als sprächst zu einem Esel du
    von Futtergerste!

Nasir-i Chusrau

Ich war dabei und konnt den Mund nicht
halten,
als Gott befahl: »Ins Paradies den Molla!«
Bescheiden legt ich dar: »Vergib, o Gott, mir –
nicht werden Huris ihm und Wein gefallen...
Der Himmel ist kein Platz für Zänkereien,
doch Streit, Disput, die sind ihm eingeboren,
der Völker, Sekten gegenander aufhetzt...
Dort oben gibt's ja Tempel nicht noch
Kirchen!«

Iqbal

HERŞEYİN RIZK'I ALLAHTANDIR

XV

Gottvertrauen und Glaube

Der Lebensunterhalt sucht nach dem Menschen,
so wie dieser nach ihm sucht.

Muhammad

Ist auch dein täglich Brot ganz fern in China,
ist des Erwerbes Roß doch schon gesattelt
und bringt dich eilend hin zu deiner Nahrung,
wenn es sie dir nicht bringt, wenn du noch
schlummerst!

Sana'i

Enthebe dich des Planens,
und das, was ein anderer für dich tut,
tu nicht für dich selbst.

Ibn 'Ata Allah

Der König von Baktrien, Ibrahim ibn Adham, der große Mystiker, begab sich einst während seiner Regierungszeit auf die Jagd. Auf freiem Felde setzte er sich zum Essen nieder; während er aber damit beschäftigt war, sah er, daß unversehens eine Biene herankam, ein Stückchen Brot vom Tische nahm und auf und davon flog. Der König fand dies so merkwürdig, daß er ihr

nacheilte. Sie flog unter einen Baum, wo sie sich niedersetzte. Ibrahim ibn Adham kam näher und sah einen auf beiden Augen erblindeten Sperling, der, sowie er das Summen der Biene vernahm, seinen Schnabel auftat. Die Biene zerlegte nunmehr das Brot, das sie von ihrer Reise heimgebracht, in drei Stückchen und steckte sie dem blinden Vogel in den Schnabel, worauf sie sich wieder aufmachte und fortflog.
Als Ibrahim ibn Adham dies wunderbare Gotteswerk sah, da entsagte er allem irdischen Haften und wandte sich dem Allwahren zu.

Tutinama

Der Grammatiker Ibn Babschadh saß eines Tages auf dem Dach der Moschee von Kairo und aß etwas in Gesellschaft einiger Freunde. Da kam eine Katze zu ihnen. Sie warfen ihr etwas hin, und sie nahm das ins Maul und verschwand. Dann kam sie wieder, und sie warfen ihr wieder etwas hin, und sie nahm es, lief fort und kam zurück, und sie warfen ihr wieder etwas hin, das sie nahm, fortlief und wiederkam. Das tat sie mehrfach, und sie warfen ihr immer wieder etwas hin, das sie nahm, dann verschwand und sogleich wiederkehrte. Die Gelehrten wunderten sich darüber und folgten ihr, und siehe, sie nahm dieses Futter und brachte es in eine Ruinenstätte, eine Art zerfallenes Haus, auf dessen Dach eine blinde Katze saß, und sie legte dieses Futter vor die blinde Katze. Darüber wunderten sie sich sehr. Und Schaich Babschadh sagte: »Wenn Gott für diese stumme Kreatur diese Katze benutzt, daß sie für ihren Unterhalt sorgt und Er ihr nicht ihre Nahrung vorenthält – wie würde Er dann jemanden wie mich verlorengehen lassen?« Und daraufhin brach der Schaich alle seine Beziehungen zur Welt ab, gab den Dienst beim Sultan auf, hütete sein Haus und lebte ganz im Gottvertrauen, bis er im Jahre 1076 starb.

Arabisch

Erst binde dein Kamel an, und dann vertrau auf Gott!

Muhammad

Gott liebt den Erwerbstätigen.

Muhammad

O der du baust auf Gottes Segen,
laß nur den Segen seinen Lauf gehn –
wie fruchtbar immer sei der Regen:
wo du nichts säst, da wird nichts aufgehn.

Saadi

Man muß immer Hoffnung haben, denn der Glaube besteht ja aus Furcht und Hoffnung. Jemand fragte mich einmal: »Hoffnung ist gut in sich selbst – also was ist mit dieser Furcht?« Ich antwortete ihm: »Zeige mir eine Furcht, die ohne Hoffnung ist, oder eine Hoffnung ohne Furcht! Da die beiden nie voneinander getrennt sind, wie kannst du so fragen? Zum Beispiel ein Mann hat Weizen gesät. Natürlich hofft er, daß der Weizen wachsen wird, obgleich er gleichzeitig fürchtet, daß – Gott behüte! – ein Hindernis oder ein Unglücksfall dazwischenkommen könnte... Nun, wenn jemand hoffnungsvoll ist und Belohnung und Nutzen erwartet, so wird er sich seiner Arbeit gewiß mit größerem Eifer zuwenden. Solche Erwartung ist sein Flügel, und je stärker sein Flügel, desto weiter sein Flug. Wenn er aber ohne Hoffnung ist, so wird er träge, und gute Werke und rechte Dienste kommen nicht mehr von ihm. Ähnlich wird ein Kranker bittere Medizin trinken und süßes Vergnügen aufgeben – wenn er aber nicht hoffte, wieder gesund zu werden, würde er das aushalten?«

Rumi

XVI

Der Tod – gefürchtet und ersehnt

Die Menschen schlafen,
aber wenn sie sterben, erwachen sie.

Muhammad

Ach Tor du! – wenn wir sterben,
wird dies bestätigt werden:
Ein Traum war, was wir sahen,
was wir gehört, ein Märchen!

Dard

Vorm Tode brauchst du nicht
zu fliehen an zwei Tagen:
wenn er dir nicht bestimmt,
und wenn die Stund' geschlagen.
Am Tag, da er bestimmt,
nützt es dir nichts, zu fliehen,
und ist er nicht bestimmt,
kann er dich nicht erjagen.

Pindar-i Razi

Wenn Gott beschließt, daß ein Mensch an einem bestimmten Ort sterben soll, gibt er ihm einen Grund, dorthin zu gehen.

Muhammad

Am Morgen war es, daß ein Mann voll Gram
zur Halle Salomos gelaufen kam,
bleich sein Gesicht vor Furcht, die Lippen blau.
»Was hast du, Meister?« fragte Salomo.
Er sprach: »Der Todesengel Azrael
warf einen Blick voll Haß und Zorn auf mich!«
Er sagte: »Nun, so wünsche, was du willst!«
Der bat: »Befiehl dem Wind, o Seelenhort,
daß er von hier nach Indien mich bringe –
vielleicht entgeh ich dort des Todes
Schlinge!«
Dem Wind gab er Befehl, ihn rasch zu tragen
ins tiefste Indien über Land und Meer.
Am nächsten Tag, zur Zeit der Audienz
befragte Salomo dann Azrael:
»Was blicktest du den Muslim an voll Zorn,
daß er so ganz verstört und flüchtig ward?«
Er sprach: »Nicht zornig blickte diesen Mann
ich an –

ich war verwundert, ihn allhier zu sehn,
denn grade hatte Gott mir ja befohlen,
ihn allsogleich in Indien zu holen.
Erstaunt dacht ich: Hätt er auch hundert
Schwingen –
wie sollten sie ihn gleich nach Indien bringen?«

Rumi

Heute findest Schlaf du von Geschichten –
morgen schläfst du und wirst zu Geschichten.

Dard

Mag Königtum, Ministeramt man sehen,
zu Kaufmannsstand und Fürstentum man
gehen –
soll ich dir sagen, wie sie alle enden?
Durch Alter, Tod, des Himmelsrades Drehen.

Chuschhal Chan Chattak

Der Tod hält einen riesigen Pokal,
der ist gefüllt mit »Ende« allzumal.
Manch einer liegt berauscht im Staube,
manchem
reicht er es nüchtern, und sein Trank ist schal.
Ob reich, ob arm, ob alt, ob jung – ein jeder
trinkt aus des Schenken Hand ganz ohne Wahl.
Was für ein Wein, daß, wer von ihm getrunken,
nicht weiß vom Abend mehr noch Morgen-
strahl?
Was für ein Wein! Man kennt nicht seine
Farbe –
Ist roh er? Glüht? Ist rot er oder fahl?
Wie viele Löwen legt' zum Schlaf der Schenke!
Und Drachen wurden zahm, wenn er befahl!
Einschläferte der Schenke viele Fürsten,
für die Byzanz war wie ein winz'ges Tal.
Und alle wird der Schenke noch berauschen –
nicht bleibt Gemeinde noch Imam im Saal.
Du schlummerst ahnungslos – wachst du nicht
auf, du?
Warum schläfst sorglos du von Mahl zu Mahl?

Schayyad Hamza

Wenn du die ganze Welt erwirbst
mit Ungemach,
was hilft es? Wieder lassen mußt
du sie mit Ach.

Saadi

Der eine wird nur süße Speise essen,
der andre wird nur Gerstenfladen essen.
Im Tode werden beide doch das gleiche:
Der Wurm wird gern ihr Fleisch im Grabe
essen.

Chuschhal Chan Chattak

Ist es einem Menschen besser schon geglückt,
als wenn einer seines Feindes Tod erblickt?
Scheint es doch, daß stets mit Unlust einer mußt
sterben, daß ein andrer bleibe lusterquickt.
Halte du dich auch nicht sicher, traue nicht,
keinem ist des Himmels Freibrief zugeschickt.
Freue dich nicht, daß der Feind gestorben ist,
weil der Vogel ein Korn um das andre pickt!

Saadi

Beeilt euch mit dem Gebet,
eh seine Zeit vergeht,
und mit der Reue, ehe der Tod vor euch steht.

Muhammad

Wohl geht es dem, der des Tages der Rückkehr gedenkt und für die Abrechnung arbeitet und mit dem Genügenden sich begnügt, und Gottes Wohlgefallen sucht.

'Ali

Der Wert eines Menschen wird nach seinem Tode erkannt.

'Ali

Geht mit den Leuten so um, daß, wenn ihr sterbt, sie euch beweinen, und wenn ihr lebt, euch freundlich sind.

'Ali

Der Mensch wird so auferweckt, wie er gestorben ist.

Muhammad

Ich kam freiwillig nicht in diese Welt,
ich geh zum Nichtsein nicht, weil mir's gefällt.
Warum bin ich gekommen, muß ich gehen?
Ein Tropfen, der ins Meer dann wieder fällt!

Chuschhal Chan Chattak

Wer die Geheimnisse der Welt erkannt hat,
geht schnell hinweg –
Wer seine Lektion gut lernte,
verläßt die Schule.

Kalim

Das Grab ist entweder ein Paradiesgarten oder eine Höllengrube.

Muhammad

Fiel je ein Korn in die Erde,
das sich nicht köstlich entfaltet?
Glaubst du denn, daß sich das Korn, das
die Menschen sind, anders gestaltet?

Rumi

Der Tod ist ein duftendes Kraut für den Gläubigen.

Muhammad

Ist der Tod ein Mann, so soll er kommen,
ich will eng an meine Brust ihn ziehen.
Er bekommt von mir ein Kleid, ein buntes,
ich bekomm von ihm farblose Seele!

Rumi

Wenn sie am Tage des Todes
tief in die Erde mich senken,
daß mein Herz dann noch auf Erden
weile, darfst du nicht denken!...
Siehst meine Bahre du ziehen,
laß das Wort »Trennung« nicht hören,
weil mir dann ewig ersehntes
Treffen und Finden gehören.
Klage nicht: »Abschied, ach Abschied!«,
wenn man ins Grab mich geleitet,
ist mir doch selige Ankunft
hinter dem Vorhang bereitet!

Rumi

Im Saume seiner Nacht ist Morgenrot,
aus seinem Stern der Glanz der Welten loht.
Wie soll ich sonst den Gläubigen beschreiben?
Er lächelt, wenn ihm nahe kommt der Tod.

Iqbal

Mein Herz weiß nun den Sinn von Leib und
Seele,
wie könnte wohl der Tod für schwer mir gelten?
Was tut's, wenn eine Welt dem Aug
entschwindet?
In meinem Innern sind noch hundert Welten!

Iqbal

In glaubwürdigen Schriften steht aufgezeichnet, daß ein jeder von den großen Propheten (über denen Heil und Segen sei!) einmal auf dieser Erdenwelt zur Wahl zwischen Leben und Tod berufen worden ist, wie ja auch ein heiliger Ausspruch Muhammads lautet: »Es gibt keinen Propheten, der nicht einmal zur Wahl berufen worden wäre.« Der Wunsch, in der Gnade des Allbarmherzigen endlich aufzugehen, ließ sie aber sämtlich den Tod unbedingt dem Leben vorziehen.

Während nun Salomo die Welt beherrschte, brachte ihm eines Tages Gabriel der Getreue von seiten des Weltenherrschers einen Becher mit Lebenswasser, welchen er mit folgenden Worten überreichte: »O Salomo, der allgnädige König grüßt dich und sendet dir, um dich zu ehren und dir seine Gunst zu beweisen, dies Lebenswasser. Du hast also die Wahl: Willst du, so trinke, und du bist des ewigen Lebens teilhaftig; willst du aber nicht, so enthalte dich des Trunkes, dann wirst du, wenn die Zeit kommt, zur Gnade des Allgnädigen eingehen.«

Salomo glaubte sich nun in einer so wichtigen Angelegenheit nicht übereilen zu dürfen, sondern eingedenk des Spruches »Sicher geht, wer sich berät« versammelte er seine Weisen zu einer Ratsversammlung. Alle aber, die dieser beiwohnten, suchten ihn zu bewegen, das Wasser zu trinken und so zum ewigen Leben zu gelangen. Er beriet sich dann auch mit den Tieren, und dem ganzen Geschlecht der Vögel; aber auch da war niemand, der ihn nicht zu trinken ermutigt hätte, mit einziger Ausnahme des Charpuscht, das ist das Tier, welches wir Igel nennen. Dieser trat vor und sprach, seine Stirn auf den Boden legend, nachdem er durch Lob- und Segenssprüche den Pflichten der Etikette genügt hatte: »O Salomo, freilich sagt man, daß der Widerspruch mit allen aus der Macht des Irrtums stamme; indessen ist mir in aller Demut in betreff der vorliegenden Frage ein Gedanke gekommen, den ich, wenn du gnädig erlaubst, dir vortragen möchte.« – Ihm antwortete Salomo: »O Charpuscht, dies hier ist eine Ratsversammlung, vornehm und gemein – groß und klein – arm und reich – ist hier alles gleich! – Von Widerspruch ist aber nicht die Rede, denn alles, was man über die Sache sagen kann, ist heilbringend und segenvoll. Drum laß hören.« – »Mein König«, sprach darauf der Igel, »ist das durch die Gnade des Allerbarmenden dir zuteil gewordene Lebenswasser außer dir auch für deine Kinder, deine Verwandten und deine weisen Genossen bestimmt? Oder darfst du, großer

Prophet, dich allein seiner bedienen? Wenn das Wasser dir in Gemeinschaft mit deiner Familie und deinem heiligen Gefolge verliehen ist, so daß alle mit dir leben bleiben, solange Gott will, dann ist es etwas Vortreffliches, dann trinke und gewinne die Seligkeit des Lebens. Ist es dagegen nur für dich bestimmt, dann halte ich's nicht für klug, davon zu trinken. Denn ich zweifle nicht, wenn du sähest, wie von deinem Hause und deiner Verwandtschaft – deiner Sippschaft und Bekanntschaft – und von deinen Genossen – den edlen, großen – bei diesem Festmahl heut dieses und morgen jenes Lebensbecher vollgegossen – so daß sie, einer nach dem andern – in das Reich des Jenseits würden hinüberwandern – da würde dir jede neue Trennung eine herbe Pein – ein Anlaß zu tiefer Betrübnis sein! – Dieser Brand – würde durch langen Lebens Lust nicht abgewandt – und wäre einmal verflogen – dieses Weines Rausch, und verzogen – da würde durch des Genusses Süßigkeit – die leere Nüchternheit – nicht aufgewogen!«
Also beschloß der Igel seine Rede; Salomo aber antwortete ihm: »O Charpuscht, dieses Lebenswasser zu trinken ward nur mir verstattet, keinem andern. Deine Rede ist wahr – alle deine Worte sind wohlratend, lauter und klar – deiner Einsicht und Klugheit sei Heil! – Der Vorzug

der Weisheit ward dir hier zuteil. – Wie du geraten, so werde ich tun.«
Also sprach Salomo und trank das Lebenswasser *nicht*.

Tutinama

Er hat nur deshalb das Jenseits
zum Ort der Belohnung Seiner gläubigen
Diener gemacht,
weil diese Welt nicht weit genug ist für das,
was Er ihnen geben will,
und weil Er sie zu hoch schätzt,
um sie zu belohnen an einem Ort,
der keine Dauer hat.

Ibn 'Ata Allah

XVII

Über die Liebe als Zentrum des Lebens

Du schufst den Menschen für den Schmerz der Liebe,
für den Gehorsam hast Du Deine Engel.

Dard

Dhu'n-Nun traf ein altes Weib. Er fragte sie: »Was ist das Ende der Liebe?« Sie antwortete: »Dummkopf, sie hat kein Ende!« »Und warum?« »Weil der Geliebte kein Ende hat.«

Abu Nu'aym al-Isfahani

Man ist mit dem zusammen, was oder wen man liebt.

Muhammad

Deine Liebe zu etwas macht dich blind und taub.

Muhammad

War Lailas eines Aug auch etwas scheel,
lag für Madschnun darin doch gar kein Fehl.
Seit er verliebt war, sah er keinen Mangel,
denn Liebe täuscht und betrügt voll Hehl!

Chuschhal Chan Chattak

Manchmal weinen, manchmal lachen,
manchmal ganz verwirrt –
wie durch Liebe manch Gesunder
doch zum Narren wird!

Dard

Madschnun sah in der Wüste einen Hund,
er gab ihm Brot und kreiste um ihn rund.
Man sprach: »Woher kommt solche Liebe dir?«
»Durch Lailas Dorf«, sprach er, »lief dieser
Hund!«

Baqli

Würdest hunderttausend
Bücher du studieren:
wisse eins: zum Liebsten
wird dich das nicht führen!

Qadi Qadan

Des kleinen Kindes Lallen versteht die Amme
nur –
wer als die Liebe wüßte, wie unser Herz sich
fühlt?

Afrin

Wenn immer du gedreht wirst wie der
Kompaß,
mußt du dich hin zu dem Geliebten wenden!

Dard

Niemand nahm mit sich je
zwei Dinge zu gleicher Zeit:
Sehnsucht nach dem Geliebten,
Verbindung mit dieser Welt.

'Abdulkarim von Bullri

Schnell der Strom, und stark die Strömung –
doch wo Liebe ist, da ist die Strömung schwach.
Wer die Liebe zur Tiefe hat,
träumt von der Einheit, nichts sonst!

Schah 'Abdul Latif

Durch Liebe ward das Bittre süß und hold,
durch Liebe ward das Kupfer reines Gold,
durch Liebe ward die Hefe rein und klar,
die Liebe bot der Krankheit Heilung dar,
durch Liebe wird belebet, wer entschlafen,
durch Liebe werden Könige zu Sklaven...
Die Liebe macht das tote Brot zur Seele,
macht ewig die vergängliche, die Seele!

Rumi

Ich trank die Liebe, Becher über Becher:
Der Trank versiegte nie, noch ward ich satt.

'Ainul Qudat Hamadani

Einst hielt der erhabene Glaubensfürst Bajazid Bistami in einer heiligen Moschee eine Predigt und brachte alle Anwesenden, groß und klein, durch seine warnenden Worte in frommes Entzücken. Als man sich eben zu der Rede am heißesten drängte, machte sich ein Opiumgenießer zur Kanzel heran und sprach: »O du den richtigen Pfad Leitender – zur Seligkeit bereitender – des Rede, geordnet gleich den Plejaden – die Menschheit führt zu der Wahrheit Pfaden – mir ist mein Esel verlorengegangen, und ich bitte dich um die Gunst, du wollest ihn mir wieder auffinden.« – »Habe nur Geduld«, antwortete ihm Bajazid, »er wird sich schon finden.« – Alsdann in seiner Predigt fortfahrend, rief er der versammelten Gemeinde zu: »Ihr Musulmanen – ist hier unter euch irgend jemand, der nie verliebt gewesen, der stehe auf!«
Da erhob sich ein Greis, der sprach: »O Schaich, ich, dein Knecht, bin ein Laie geblieben in der Liebe Wissenschaft. Seit ich die Sphäre der Kindheit verlassen, bin ich zu so hohen Jahren gelangt und habe nie eine Leidenschaft für irgendein schönes Wesen empfunden. Von Liebesschmerz weiß ich nichts, ja ich habe überhaupt keine Vorstellung von dem, was du Liebe

nennst. Aber sei doch so gut und unterweise mich darin.«
Bajazid Bistami sprach darauf zu dem, der seinen Esel verloren hatte: »Siehe, Freund, hier ist der Esel, den du suchst. Nimm ihn wieder!«

Tutinama

الله

XVIII

Gott

Komm aus dem Meer wie Regenwolken – reise,
denn ohne Reisen wirst du nie zur Perle!

'Attar

Sprach der Verstand: »Die Richtungen,
die sechs, sind Grenze, Ende!«
Die Liebe sprach: »Nein! Wege gibt's,
ich bin sie oft gegangen!«

Rumi

Wir waren einstmals im Himmel,
die Freunde der Engel dereinst,
dorthin führt jetzt wieder der Weg uns –
die Heimatstatt suchten wir lang!

Rumi

Wie sollte die Seele nicht fliegen,
wenn aus Seiner Nähe es singt
und lieblich der Spruch Seiner Gnade:
»Erhebe dich!« vor ihr erklingt?
Wie sollte der Fisch sich nicht stürzen
vom Trocknen ins leuchtende Meer,
wenn lockend die Stimme der Welle
zu ihm aus dem Ozean dringt?
Wie sollte der Falke zum Sultan
nicht eilen geschwind von der Jagd,
sobald ihm die Trommel des Herrschers
den Ruf: »Kehr zurück zu mir!« bringt?

Rumi

Wären nicht die weiten Felder der Seelen,
so gäbe es keine wirkliche Reise der
Wandernden.
Denn es gibt keine Entfernung zwischen dir und
Ihm,
die deine Wanderung überwinden könnte,
und keine Trennung zwischen dir und Ihm,
die dein Ankommen auslöschen könnte.

Ibn 'Ata Allah

Wer das Mysterium der Reise kennt,
fürchtet den Rastort mehr als Wegelagrer.
Die Liebe ruht in Trennung nicht noch Einung,
ruht nicht, bis sie die ew'ge Schönheit fand.
Ihr Anfang ist: vor Götzenbildern knien;
ihr Ende ist: vor jedem Liebsten fliehen!
Die Liebe, furchtlos, ist auf steter Reise,
in Raum und Raumlosem ein Kind des Weges!

Iqbal

Könnte ein Baum sich bewegen
mit Wurzel und Blätterkleid,
spürt' er nicht Wunden der Axt, noch
brächt ihm die Säge ein Leid.
Ginge die Sonne nicht von uns
nächtlich in eiligem Flug:
sage, wie würde die Erde
erleuchtet zur Morgenzeit?
Stiege das salzige Wasser
nicht himmelaufwärts vom Meer,
wie würden Gärten belebet
durch Bäche und Regenzeit?
Sieh, wenn zur früheren Heimat
ein Tropfen wiederum kommt,
wird er in einer Muschel
zur köstlichen Perle geweiht.
Fehlt dir der Fuß zur Reise,
so wähle den Weg in dich selbst:
Nimm auf, dem Rubinschachte gleichend,
in dich alle Strahlen der Zeit.
Reise, o Freund, aus dir selber
und in dein eigenes Herz:
Solch Reise verwandelt das Staubkorn
in goldene Herrlichkeit!

Rumi

All mein Suchen gilt dem Ende
dessen, das kein Ende hat,
mit dem nie gestillten Auge,
mit dem Herz, das hofft und minnt.
In dem ew'gen Paradiese
stirbt das Herz des Liebenden –
keine schmerzensvollen Weisen,
und nicht Gram noch Tröster lind!

Iqbal

Das Ende der Wandernden ist Erreichen.
Aber was könnte das Ende derer sein,
die Vereinigung erreicht haben –
eine Vereinigung, in der es keine
Trennung mehr gibt?

Ibn 'Ata Allah

Wohin du kommst – dein Ziel liegt weiter
vorne –
Nie kehrt man um, ganz wie im Schach der
Bauer.

Dard

Kein Spiegel wird zu Eisen in der Welt,
kein Brot wird wieder Weizen auf dem Feld;
die reife Traube wird nicht wieder grün,
die reife Frucht, sie braucht nicht mehr zu
glühn!

Rumi

Die Wichtigkeit des Bitt- und Dankgebetes

Des Gebetes beraubt zu sein wäre schlimmer für mich, als der Erhörung beraubt zu sein.

Abu Hazim al-Makki,
ein frühislamischer Frommer

Hasan ibn 'Ali wurde gefragt: »Wie kommt es, daß die nachts Betenden es sind, deren Angesicht am schönsten ist?«
Er sagte: »Weil sie mit dem Erbarmer allein sind, der sie mit Licht von Seinem Licht bekleidet.«

Solange du beim Ritualgebet bist, klopfst du an die Pforte des Königs, und wer an die Pforte des Königs pocht, dem wird aufgetan.

Muhammad

Kein Ritualgebet (ist gültig), wenn das Herz nicht anwesend ist.

Muhammad

Wer Gott kennt, dessen Zunge verstummt.

Muhammad

Wenn Er dir die Zunge zum Bitten löst,
so wisse, daß Er dir geben will.

'Ali

O Weiser, für Gebete nicht um Erhörung bitte –
Nur um ein wunschlos Herz, das kein Gebet braucht, bitte!

Ghalib

Dein Gebet kann dein Geschick nicht ändern,
doch vielleicht kann es dich selbst verwandeln:
Wenn in dir die große Wandlung einsetzt,
ist's kein Wunder, wenn sich Welten wandeln.
Ewig bleibt der Wein, berauschtes Rufen –
doch der Krug, der Schenke wird sich wandeln.
Dein Gebet: daß sich dein Wunsch erfülle!
Mein Gebet: möge dein Wunsch sich wandeln!

Iqbal

Vom Arzt wünscht Medizin man voll Begier,
vom Derwisch wünscht Gebete jeder hier.
O Gott, laß keins der beiden mich bedürfen!
Ein jeder wünscht vom andern – ich von Dir!

Chuschhal Chan Chattak

Ich mag nicht allzu kühn in der Rhetorik sein –
vielleicht prägt deinem Sinn doch dieses Wort
sich ein:
Der Ruf: »Oh, Gott ist groß!«, fortwährend in
den Himmeln;
am Boden staubend stets Gebet und Litanein.
Das eine ist der Weg des selbstbewußten
Helden,
das andre ist der Weg von Priester, Pflanze,
Stein!

Iqbal

Was fragst du nach der Liebenden Gebete?
Geheimnis, tief vertraut, ist, was ich bete!
Die Glut von einem Ruf: »Gott ist der Größte«,
paßt nicht in die fünf täglichen Gebete!

Iqbal

Gebet und Fasten sind so gut,
wie für den Leib die Lungen,
doch etwas andres gibt es noch,
wenn wir von Gott durchdrungen.

Qadi Qadan

Als einige Leute 'Ali ins Gesicht lobten, sagte er:
»Gott, Du kennst mich besser als ich mich selber, und ich kenne mich besser, als diese Leute mich kennen! O Gott, mach mich besser, als was sie denken, und vergib mir, was sie nicht wissen!«

O Gott, Du gibst mir, ohne daß ich Dich bitte – wie solltest Du mir etwas vorenthalten, wenn ich Dich bitte?
O Gott, ich bitte Dich, daß Du Deine Majestät in meinem Herzen wohnen läßt und mich tränkest mit einem Schluck aus dem Becher Deiner Liebe!

Arabisch

Muhammad betete:
Ich bitte Dich um den Genuß des Anblickes Deines Angesichtes und um die Sehnsucht nach dem Zusammensein mit Dir!

Nimmer lasse es dich verzweifeln,
wenn sich die Gabe verzögert
trotz all deinem drängenden Beten,
denn Er hat dir fest versprochen,
dich zu erhören in dem,
was Er für dich erwählt,
nicht, was du für dich erwählst –
und zu der Zeit, die Er will,
nicht zu der Zeit, die du willst.

Ibn ʿAta Allah

Ein Prediger, sobald er vorgetreten,
begann für alle Räuber nur zu beten.
Er hob die Hände: »Herr, hab doch Erbarmen
mit jenen bösen, widerspenst'gen Armen,
mit jenem Volk, durch das die Guten leiden,
mit Christenmönchen und mit allen Heiden!«
Niemals, daß für die Reinen er gefleht –
nur für die Bösen sprach er sein Gebet.
Man sprach zu ihm: »Das ist nicht wohlgetan,
Für sie zu beten ist kein guter Plan!«
Er sprach: »Sie sind zum Nutzen mir gewesen;
Drum hab für sie ich mein Gebet erlesen:
Ich sah von ihnen so viel Haß und Zwang,
daß ich vom Bösen hin zum Guten drang;
Denn immer, wenn ich mich zur Welt gewandt,
so traf mich Schlag und Schmerz von ihrer Hand,
und hilfeflehend bin ich Gott genaht –
die Wölfe wiesen mir den rechten Pfad.
So wurden sie zur Quelle für mein Heil,
und mein Gebet wird ihnen drum zuteil.«

Rumi

Hilfreichster Helfer, mögest Du uns führen!
Reichtum und Wissen einzig Dir gebühren!...
Gießt über uns Du Tadel oder Spott –
Dir steht es zu, Du wunschlos reicher Gott.
Nennst »Schaum« Du nur die Sonne und den
Mond,
»krumm« die Zypresse, die so aufrecht thront,
Nennst Du den Himmel und den Thron
»erbärmlich«
den Ozean, den Schacht voll Erze »ärmlich« –
so ist vor Deiner Herrlichkeit das richtig:
vollkommen machen kannst Du
das, was nichtig!...

Rumi

Sollte mein Auge je Dich erschaun,
Antlitz um Antlitz, dort und dort,
künd ich den Kummer, den ich erlitt,
Zeile um Zeile, Wort um Wort.
Um Dein Gesicht nur einmal zu sehn,
weh ich dahin, dem Morgenwind gleich,
Winkel um Winkel, Haus um Haus,
Türe um Türe, Port um Port.
Von meinem Auge, sehnsuchterfüllt,
rinnen des Herzbluts Fluten um Flut,
Ströme um Ströme, Meer um Meer,
Quelle um Quelle, fort und fort.
Für meine Seele zum Gewand
webte mein trübes Herz Deine Lieb' –
Faden um Faden, Garn um Garn,
Einschlag um Einschlag, Bort um Bort.
Wandt ich dem eigenen Herzen mich zu,
fand ich darin nichts als Dein Du –
Seite um Seite, Stück um Stück,
Schleier um Schleier, Ort um Ort.

Tahira Qurrat ul-'Ain

Und denke so inständig Gottes,
bis selber du ganz dich vergißt,
daß du im Gerufenen aufgehst,
wo Rufer und Ruf nicht mehr ist!

Rumi

La ilāha illa 'Llāh

Gottes Namen woll'n wir nennen allererst,
das ist die Pflicht für jeden Menschen allererst.

Wer des Namens Gottes zu Beginn gedenkt,
Gott in jeder Arbeit ihm Erleichtrung schenkt.

Spricht die Zunge einmal »Gott« voll Liebe hier,
fällt wie Herbstlaub alle Sünde ab von dir.

Süleyman Chelebi

Gott nannte »Sehend« sich aus diesem Grund:
damit du weißt: Er sieht dich Stund um Stund.
Gott nannte »Hörend« sich aus diesem Grund,
daß du von übler Rede schließt den Mund.
Gott nannte »Wissend« sich aus diesem Grund,
daß du aus Furcht nichts Übles tust im Rund.

Rumi

Wie schön lehrt' eine Taube doch ihr Junges:
»Darfst nicht auf seidensanftes Wesen bauen!
Doch wenn du rufst: ›O Gott‹, berauscht von
Sehnsucht,
so bist du sicher vor des Falken Klauen!«

Iqbal

Gott, so groß ist wie Dein Name
mein Vertraun in Deine Huld.
Schöpfer: weder Zahl noch End' hat
Deine ewige Geduld.
Deinen Namen, o Herr,
hab in mein Herz ich gelegt.

Gott, so süß Dein Name ist,
so groß ist mein Hoffen:
Keine Tür gleicht Deiner Tür –
viele sah ich offen!

Schah 'Abdul Latif

Gott sprach:
Meine Barmherzigkeit übertrifft Meinen Zorn.

Jesus lachte viel, und Johannes weinte viel. Und sie waren Vettern. Johannes sagte zu Jesus: »Du bist wohl ganz sicher gegen die feinen Tricks Gottes, daß du so lachst?«
Jesus antwortete: »Du übersiehst wohl ganz die subtilen und wundervollen Gnaden Gottes, daß du so viel weinst?«
Einer von Gottes Freunden war anwesend. Er fragte Gott, welcher der beiden den höheren Rang habe.
Gott antwortete: »Derjenige, der besser von Mir denkt!«

Rumi

Es gibt keine kleine Sünde,
wenn Seine Gerechtigkeit dir gegenübersteht,
und keine große Sünde,
wenn Seine Gnade dir vor Augen steht.

Ibn 'Ata Allah

Gott spricht:
O Meine Diener, ihr seid alle Sünder, außer denen, die Ich geheilt habe. So bittet Mich denn um Verzeihung, und Ich will euch verzeihen, und wer weiß, daß Ich die Macht habe, ihm zu vergeben, dem vergebe Ich, und kümmere Mich nicht (um seine Sünden).

Ein Kennzeichen dafür, daß man noch auf
eigene Werke vertraut,
ist, daß sich bei einem Fehltritt die Hoffnung
vermindert.

Ibn 'Ata Allah

Wenn jemand viele Sünden hat und keine Werke, die diese Sünden verhüllen könnten, sucht Gott ihn mit Traurigkeit heim, um seine Sünden zu verhüllen.

Muhammad

Halte deine Sünde nicht für so gewaltig, daß
sie dich absperre davon,
Gutes von Gott zu denken,
denn wer seinen Herrn kennt, dem erscheint
gering seine Schuld,
verglichen mit Seiner Huld.

Ibn 'Ata Allah

Verzeihe mir, denn ich gehöre zu Dir!

Yahya ibn Mu'adh

Mein Gott,
wie viele Gehorsamswege ich erbaut hatte
und wie viele Gnadenzustände ich erschaut
hatte:
Deine Gerechtigkeit hat mein Vertrauen auf sie
zerstört.
Doch nein! Deine Güte hat mich ihrer
enthoben.

Ibn 'Ata Allah

O Menschenkind, wenn du siehst, daß dein Herr – gepriesen sei Er! – Seine Gnaden immer weiter über dich schickt, während du rebellierst, so hüte dich vor Ihm!

'Ali

Wenn ein Mann, der noch nie etwas Gutes getan hat, zum Himmel blickt und sagt: »Ich habe einen Herrn; o Herr, verzeih mir!«, so sagt Gott: »Ich habe dir verziehen.«

Ghazzali

Wenn du willst, daß dir das Tor der Hoffnung
aufgetan werde,
so schau auf das, was von Ihm zu dir
kommt,
und wenn du willst, daß dir das Tor der Furcht
aufgetan werde,
so schau auf das, was von dir zu Ihm geht!

Ibn 'Ata Allah

Die Sünde zu lassen ist leichter,
als Hilfe zu suchen.

'Ali

Im Westen gibt es ein Tor, das für die Reue offensteht; seine Spannweite ist siebzig Jahre, und es wird nicht geschlossen, ehe nicht die Sonne im Westen aufgeht.

Muhammad

Ein Beduine kam einst zum Propheten,
die Arme fest gefaltet auf der Brust,
und sprach zu ihm: »Ich werde Muslim werden,
wenn du mir sagst, was ich am Busen trage!«
»Du trägst« sprach der Prophet, »hier eine
Taube,
an die sich zwei der Taubenjungen schmiegen.«
Verwundert über dieses wahre Wort
des hohen Herrn, bekehrt' er sich sofort
und sprach: »Wer hat dir das gesagt, Prophet?«
Er sagte: »Gott, der allerhöchste Fürst!«
Die Beduinen staunten, wie die Taube
so liebevoll die beiden Jungen hielt.
Sprach der Prophet: »Gefährten hier und
Helfer!
Warum verwundert euch das denn so sehr?
Bei Gott, dem Herrn, der mich ganz ohne
Fragen
zu Seinem Volk gesandt hat als Verkünder:
Er, Gott, ist tausendmal erbarmungsvoller
zu Sündern als die Taube zu den Küken!«

'Attar

Der unerreichbare, verborgene und doch offenkundige Schöpfer

Denkt über die Schöpfung nach, aber denkt nicht über den Schöpfer nach!

Muhammad

Welch wunderbarer Schöpfer ist mein Herr!
Und über alle Wahl verfügt mein Herr!
Und alle Großen haben es gesagt:
daß größer doch als alles ist mein Herr,
der nichts bedarf, von niemand etwas braucht,
und niemandem verpflichtet ist mein Herr.
Aus Nichtsein ließ erscheinen Er das Sein,
Ernährer aller Dinge ist mein Herr.
Der Schöpfer Er geschaffner Dinge all,
und Hörer jeden Wortes ist mein Herr.
Kein Gleiches und kein Gleichnis gibt's für Ihn:
der wahre Duft, Duftspender ist mein Herr.
Was in der Welt, im Jenseits sei gebaut –
der Architekt von allem ist mein Herr.
Der die noch nicht geschriebnen Seiten liest,
der, was geheim ist, kennt – das ist mein Herr.
Vom Inneren, vom Äußeren hat Kunde
und von dem, was dazwischen ist, mein Herr.

In Seinem Reich hat Er Gefährten nicht,
ein Fürst ist, ohne Partnerschaft, mein Herr.
Daß Einer Er ist, ist kein Mangel doch:
in Einheit ist die Fülle ja mein Herr.
Man braucht nun keine andre Freundschaft
mehr,
der wahre große Freund, es ist mein Herr.
Was brauch ich Ihn zu suchen anderswo?
In meinem Haus, an meiner Brust: mein Herr!
Er ändert und Er wandelt niemals sich,
in Ewigkeit bleibt Er sich gleich, mein Herr!

Rahman Baba

Wo manches große Schiff und Boot
in Wasserwirbeln stranden,
erreicht doch selbst ein kleines Boot
den Strand durch Seine Gnade!

Qadi Qadan

Jedes Blatt am Baum
ist dem Blick des Weisen
eines Buches Blatt,
Gottes Macht zu preisen.

Saadi

Gott, nie lausche ich auf die Stimme eines Tieres oder das Rauschen eines Baumes, das Sprudeln von Wasser oder den Sang eines Vogels, das Brausen des Windes oder das Dröhnen des Donners, ohne zu finden, daß sie Deine Einzigkeit bezeugen und darauf hinweisen, daß es keinen gleich Dir gibt, daß Du der Herrscher bist, der nicht beherrscht werden kann, der Weise, der keine Unwissenheit kennt, der Gerechte, der nicht grausam ist, der Vertrauenswürdige, der nicht lügt!

Dhu'n-Nun

Was du im Dasein siehst, Freund, sich hier
zeigend,
als dem Befehl des Höchsten sich stets beugend:
des Himmels Rücken krumm vom
Niederwerfen,
die Sonne senkt ihr Haupt, vor Ihm sich
neigend.

Dard

Nicht Bulbul unter Rosen nur hat Seinen Preis
gesungen –
am Strauch sind alle Dornen, Ihn zu preisen,
feine Zungen!

Saadi

Der Meister des Khalvati-Ordens in Istanbul suchte nach einem Nachfolger. Er sandte seine Jünger aus, um Blumen zu bringen, damit das Kloster geschmückt werde. Alle kehrten mit großen Sträußen zurück, nur einer brachte ein kleines verwelktes Blümchen. Gefragt, ob er denn nichts gefunden habe, was seines Meisters würdiger sei, antwortete er: »Ich sah, daß alle Blumen damit beschäftigt waren, Gott zu preisen. Wie konnte ich sie stören? Nur eine sah ich, die hatte gerade ihr Gottgedenken beendet, und die habe ich mitgebracht.« Er wurde zum Nachfolger des Meisters ernannt.

Türkisch

Nicht mehrt es Seine Herrlichkeit,
wenn jemand Ihm naht,
und nicht mindert es Seine Herrlichkeit,
wenn jemand Ihn flieht.

Ibn 'Ata Allah

Der Bildner, Kunstwerk' bildend
ohnegleichen,
von dem ein jedes Kunstwerk ist vollkommen:
des Vogels Nahrung setzt er auf die Flügel –
so wird zu seinem Futter der wohl kommen.
Der armen Spinne täglich Brot versieht er
mit Flügelein, daß es zu ihr soll kommen!

Saadi

Ich erkannte meinen Herrn
durch das Zunichtewerden meiner Absichten.

'Ali

Wer Gott um Seiner Wohltaten willen liebt, der ist ein Polytheist.

Schibli

Lob sei Gott, der auf der Spitze einer Nadel erscheint, wem Er will, und sich in den Himmeln und Erden verhüllt, vor wem Er will, damit dieser bezeuge: »Er ist nicht«, und jener bezeuge: »Es gibt keinen außer Ihm«. Doch ist nicht derjenige verwerflich, der bezeugt, daß Er nicht ist, noch ist derjenige lobenswert, der bezeugt, daß Er ist.
Ich rate dir, daß du dich nicht von Gott täuschen läßt und nicht an Ihm verzweifelst, daß du Seine Liebe nicht begehrst und dich nicht damit zufriedengibst, Ihn nicht zu lieben. Sprich nicht über Ihn, um Ihn zu bestätigen, und neige dich nicht Seiner Negation zu. Und hüte dich vor dem Bekenntnis Seiner Einheit!

Halladsch

Das Innerste des Inneren verhüllt sich
und zeigt am Horizont des Lichtes Falten.
Wie das? Man kenn das Wie nur durch das
Äußre,
das Innre: durch das Wesen für das Wesen.
In finstrer Blindheit irren die Geschöpfe,
Ihn suchend, und erkennen nicht die Zeichen.
Zu Gott, dem Ziel, gewandt mit Wahn und
Meinen,
Zur Luft sich wendend, reden sie zum Himmel.
Der Herr jedoch ist immer unter ihnen
und wandelt ihren Zustand alle Stunden.
Ach, wüßten sie, daß sie von Ihm nicht fern sind
und daß Er nie zurückzieht sich von ihnen!

Halladsch

Palast und Ort und auch das Paradies,
sie sind des Einen Platz,
der Eine aber hat nicht Ort noch Platz...
Welch sonderbare Welt!

Mir

Nicht ein Atemhauch, den du tust,
in dem Er nicht eine Seiner Bestimmungen in dir vollziehe.

Ibn 'Ata Allah

Jedes Werk ist fruchtlos, das man nicht mit der Anrufung Gottes beginnt.

Muhammad

Die Planer planen,
und das Schicksal lacht darüber.

Muhammad

Der Achtlose fragt sich am Morgen: »Was
werde ich tun?«
Der Vernünftige schaut: »Was wird nun Gott
mit mir tun?«

Ibn 'Ata Allah

Nichts, was du erreichen willst, ist unmöglich,
wenn du es durch deinen Herrn willst,
doch kein Ziel ist leicht zu erreichen,
wenn du es durch dich selber suchst.

Ibn 'Ata Allah

Gott schickt keine Krankheit, ohne auch das Heilmittel zu schicken.

Muhammad

Wer alle seine Sorgen zu einer einzigen macht, dem nimmt Gott die Sorgen um die Welt ab. Wenn einer aber seine Sorgen zerfetzt, dann kümmert sich Gott nicht darum, in welchem Tale der Welt er umkommt.

Muhammad

Manchmal lehrt Er dich in der Nacht
bedrückender Beklemmung,
was du nicht gelernt hättest im Glanze des
Tages beglückender Ausdehnung.
»Ihr seht nicht, welches nützlicher ist für euch.«
(Sura 4,11)

Ibn 'Ata Allah

Gott macht alles Schlimme gut.
Denk nicht, daß Er andres tut,
des Weisen Blick auf Ihm nur ruht.
Laß uns sehen, was Gott tut –
was Er macht, das macht Er gut!

Gottes ist das Wort des Lebens,
Gram und Sorgen sind vergebens.
Er zeigt Weisheit Seines Webens.
Laß uns sehen, was Gott tut –
was Er macht, das macht Er gut!

Jeder Seinen Namen nennt,
jede Seele Sein gedenkt,
jedem Er auch Hilfe schenkt –
Laß uns sehen, was Gott tut -
was Er macht, das macht Er gut!

Hoffnungslose dunkle Zeit,
plötzlich hebt sich Schleier weit,
hält Er Heilung dir bereit!
Laß uns sehen, was Gott tut –
was Er macht, das macht Er gut!

Ibrahim Hakki Erzerumlu

Wir verliefen uns – Gott sucht uns,
die wir irr von Ihm gegangen.
Gleich wie wir ist Er voll Sehnsucht
und in Seinem Wunsch gefangen.
Manchmal schreibt Er Seine Botschaft
uns auf Tulpenblättern auf.
Manchmal hörten wir Sein Rufen,
wenn die Gartenvögel sangen.
Er ruht im Narzissen-Auge,
unsre Schönheit zu betrachten,
so entzückend, daß dem Sprechen
gleicht schon dieses Blicks Umfangen.
Jenes morgendliche Seufzen,
das Er haucht, von uns getrennt,
Innen, Außen, Oben, Unten –
alle Welt kann es umfangen.
Unrast schuf Er und Erregung,
um den Erdenmensch zu sehen –
schuf den Blick, denn Duft und Farben
zu erschaun war Sein Verlangen.
Im Atom ist Er verborgen,
uns ist Er noch nicht vertraut,
in Palast und Gasse weilt Er,
klar wie Mondlicht ist Sein Prangen.
Ach, im Staube ging verloren
das Juwel des Lebens uns:

Ist es Er, sind wir es selber,
dies Juwel, um das wir bangen?

Iqbal

Nicht nur die Durstigen suchen das Wasser – auch das Wasser sucht die Durstigen.

Rumi

Ein Lehrer trug im Winter aus Armut nur ein Baumwollobergewand. Nun hatte der Wildbach einen Bären aus den Bergen heruntergerissen, den trug er weiter.
Sein Kopf war im Wasser verborgen. Die Kinder sahen seinen Rücken und riefen: »Herr Lehrer, guck mal, ein Pelzmantel ist in den Fluß gefallen, und du frierst! Hol ihn doch!« Da der Lehrer so über die Maßen arm und kalt war, sprang er ins Wasser. Der Bär schlug seine Fänge in ihn. So war der Lehrer im Wasser, vom Bären gepackt. Die Jungen schrien: »Herr Lehrer, hol den Pelzmantel, und wenn du's nicht kannst, laß ihn und komm raus!« Er sagte: »Ich laß den Pelzmantel ja, aber der Pelzmantel läßt mich nicht los. Was soll ich da machen?«

Wie sollte Gottes Sehnen uns gehen lassen? Ihm sei Dank, daß wir nicht in unserer eigenen Hand sind, sondern in Gottes Hand!

Rumi

Was Gott vor dir verhüllt, ist Seine übergroße
Nähe zu dir,
denn Er verhüllt sich durch Seine allzugroße
Klarheit
und verbirgt sich den Augen durch Sein allzu-
starkes Licht.

Ibn 'Ata Allah

Zu dem, was dich hinweist auf Seine – des Erhabenen – Allgewalt, gehört, daß Er Sich vor dir verhüllt mit dem, was neben Ihm nicht existiert.

Wie könnte man denken, daß Ihn etwas
verhüllt,
da Er alles deutlich zeigt?
Wie könnte man denken, daß Ihn etwas
verhüllt,
da Er Sich durch alles zeigt?

Wie könnte man denken, daß Ihn etwas
verhüllt,
da Er Sich in allem zeigt?
Wie könnte man denken, daß Ihn etwas
verhüllt,
da Er Sich doch allem zeigt?
Wie könnte man denken, daß Ihn etwas
verhüllt,
da Er offenbar war vor allem, was ist?
Wie könnte man denken, daß Ihn etwas
verhüllt,
da Er offenbarer als alles ist?
Wie könnte man denken, daß Ihn etwas
verhüllt,
da Er der Eine ist, neben Ihm nichts?
Wie könnte man denken, daß Ihn etwas
verhüllt,
da Er dir näher denn alles ist?
Wie könnte man denken, daß Ihn etwas
verhüllt,
da – wäre Er nicht – nichts würde
bestehn?
O Wunder, wie kann sich im Nicht-Sein das
Sein offenbaren
und das Zeitliche bestehen mit Ihm, der da ewig
besteht?

Ibn 'Ata Allah

Im Garten sind tausend Entzückende fein
und Rosen und Veilchen mit Düften so rein
und rinnendes, plätscherndes Wasser im Fluß –
dies alles ist Vorwand: Er ist es allein.

Rumi

Manchmal gibt Er dir und entzieht dir dabei,
und manchmal entzieht Er und gibt doch.
Wenn Er dir beim Entzug die Pforte des
Verständnisses auftut,
wird der Entzug selbst zur Gabe.

Ibn 'Ata Allah

Wer hätte das Korn der Hoffnung
in diesen Boden gesät,
dem nicht der Lenz Deiner Gnade
es hundertfach wieder geschenkt?

Rumi

Ein Sorgennetz aus Speichel, spinnengleich,
web nicht, da Kett' und Einschlag wertlos sind.
Geh, gib die Sorge Ihm, der sie dir gab,
auf Ihn sieh, der den Kummer dir zerstreut.
Wenn du nicht sprichst, so wird dein Wort Sein Wort,
wenn du nicht webst, so wird der Weber Er.

Rumi

Und wenn Er alle Wege und Pässe vor dir schließt,
zeigt einen Weg, geheim, Er, den niemand noch gekannt!

Rumi

Gott der Unfaßliche

Die Wege zu Gott sind so zahlreich wie die Atemzüge der Menschen.

Muhammad

Im Lande Ghor war eine große Stadt,
darin es nichts als blinde Leute hat.
Ein Fürst kam mit dem Heer zu diesem Ort
und schlug sein Zelt auf in der Steppe dort.
Er hatte einen Elefanten, mächtig,
voll Stolz und Majestät, gar groß und prächtig.
Die Leute, die das Schreckliche vernommen,
sie wollten gerne sehn, was da gekommen,
und ein paar Blinde aus der Blinden Mitte,
zum Elefanten lenkten sie die Schritte;
die Form und die Gestalt des Elefanten
zu sehen – wie die Leute eilends rannten!
Und sie berührten ihn (sie sahn ihn nicht,
da ihre Augen ohne Augenlicht!)
und jeder, der ein Glied von ihm berührte,
erfuhr nur das, was seine Hand verspürte,
und jeder machte sich ein falsches Bild
und band sein Herz an Fantasiegebild.
Als sie zur Stadt zurückgekehrt im Lauf,
da führten sie sich gar großmäulig auf,

da alle nach der Form des Tieres fragten
und lauschten gut auf das, was jene sagten.
Der eine griff des Elefanten Ohr
und redete dem, der ihn fragte, vor:
»Welch eine Form das Riesen-Untier hatte –
ganz breit und schwer, wie eine breite Matte!«
Und der den Rüssel griff mit seiner Hand,
sprach: »Dieses ward mir ganz genau bekannt:
Er ist so lang wie eine Regenrinnen,
ganz fürchterlich, und auch ganz hohl von
innen!«
Und wer berührte von dem Elefanten
mit seiner Hand die Füße des Giganten,
der sprach: »So stark und fest ist seine Form
Wie einer kegelförm'gen Säule Norm!«
Und jeder hatte nur ein Teil berührt –
so waren in die Irre sie geführt,
befangen in unnützer Fantasie,
im Sack gefangne Idioten sie!
Denn den Geschöpfen ist Gott nicht bekannt –
zu Ihm hat keine Wege der Verstand!

Sana'i

Das Wesen Gottes

Gott sprach:
Himmel und Erde umschließen Mich nicht,
aber das Herz Meines gläubigen Dieners
umschließt mich.

Wahrlich, Gott ist schön
und liebt die Schönheit.

Muhammad

Mir ist's erlaubt, die Schönheit anzublicken,
weil ich in allem Schönheit kann erblicken.
Zwei Augen jedem Haupt sind aufgetan,
doch du siehst Bilder, ich den Bildner an.

Saadi

Wenn die Gelehrten schwarz auf weiß
erschauen,
die Derwische im höchsten Kreis erschauen –
das Wissen der Erkennenden ist anders,
die durch »Gewißheit« weltenweis erschauen!

Chuschhal Chan Chattak

Er ist hier
in der Hütte deines Herzens.
Öffnest du nur die Tür,
wirst du, nein, alle werden Ihn sehen!

Schah 'Abdulkarim von Bullri

Er ist nicht in Süd noch Nord,
jenseits nicht noch hier –
welchen du verwirrt gesucht:
sieh Ihn doch in dir!

Qadi Qadan

Wenn Rosen durch das Herz dir ziehn, bist du
die Rose all,
und wenn's der Sprosser klagend ist, bist du die
Nachtigall.
Du bist ein Teil – die göttliche, die Wahrheit ist
das Ganze:
Bedenkst das All du allemal, so bist du auch das
All.

Dschami

Kein Glaub', o Menschengeist,
sei deiner Weisheit Spott,
denn jeder Glaub' ist Glaub',
und Glaube führt zu Gott.

Saadi

Wenn wir von Glauben und Unglauben
sprechen –
zu *einem* Ende führt der Weg zuletzt.
Es ist ein einz'ger Traum nur – was sich ändert,
das ist die Auslegung im Hier und Jetzt.

Sa'ib

In allen Dingen liegt für uns ein Zeichen,
daß Er der Eine ist, ganz ohne Gleichen.

Arabisch

Anhang

Nachweis der Verfasser und Quellen

Soweit nicht anders angegeben, stammen die Übersetzungen von Annemarie Schimmel; die poetischen Übertragungen sind größtenteils ihrer Anthologie *Nimm eine Rose und nenne sie Lieder* (Köln: Diederichs, 1987) entnommen, wo auch die arabischen, persischen, türkischen und anderen Quellen angegeben sind; türkische Dichtungen auch der Anthologie *Aus dem goldenen Becher* (Köln: Önel, 1993). Mystische Texte stammen aus: Annemarie Schimmel, *Mystische Dimensionen des Islam*, Köln: Diederichs, 1985.

Da die Sprichwörter der islamischen Völker sich stark ähneln, ist auf Quellenangaben verzichtet; die Paschto-Sprichwörter finden sich in der 1961 in Kabul veröffentlichten Sammlung *Pashto mathalūna*. Worte, die dem Propheten *Muhammad* zugeschrieben werden, beruhen auf der Sammlung *Aḥādīth-i Mathnawī*, hrsg. von Badi'uzzaman Furuzanfar, Teheran: Universität, 1965, die auch viele nicht in den kanonischen Sammlungen vorhandene, mystisch getönte Traditionssprüche enthält.

Die 'Ali ibn Abi Talib zugeschriebenen Sentenzen stammen aus *Nahdsch al-balāgha*, zsgest. von asch-Scharif ar-Radi, Beirut: al Andalus, 1963.

Abu'l-Faradsch as-Sidschzi, Dichter in Ost-Iran, gest. 1020.

Abu Nu'aym al Isfahani, Verfasser der *Ḥilyat al-auliyā*, »Zierde der Gottesfreunde«, gest. 1037.

Abu Sa'id-i Abu-l Chair, ost-persischer Mystiker, gest. 1049 in Maihana. – Fritz Meier, *Abu Sa'id-i Abu'l Ḫair. Leben und Legende*, Leiden: Brill, 1976.

Afrin, indo-persischer Dichter des 18. Jahrhunderts.

'Ainul Qudat Hamadani, persischer Mystiker, getötet 1131 in Hamadan.

'Ali ibn Abi Talib, Vetter und Schwiegersohn des Propheten Muhammad, erster Imam der Schia, getötet 661 in Kufa.

'Andalib, Muhammad Nāṣir, persisch schreibender indischer Mystiker, gest. 1758 in Delhi.

'Aqil al-Murrī, arabischer Dichter. – Übers. von Friedrich Rückert, in: *Hamasa, die ältesten arabischen Volkslieder, gesammelt von Abu Tammam*, Stuttgart: Cotta, 1846.

Atish, Urdu-Dichter, gest. 1847 in Lucknow.

'Aṭṭar, Fariduddin, persischer mystischer Dichter, berühmt für seine Epen, gest. 1220 in Nischapur. – *Ilahinam*, hrsg. von H. Ritter, Istanbul/Leipzig: Brockhaus, 1940.

Auhadi Maraghi, persischer Dichter, gest. 1337 in Maragha.

Aurangzeb, Moghulkaiser in Indien, reg. 1658–1707, gest. in Aurangabad.

Azad Bilgrami, persisch und arabisch schreibender Polyhistor im Dekkan, gest. 1784 in Aurangabad.

Baihaqi, persischer Historiker des 11. Jahrhunderts.

Baqli, Ruzbihan, persischer Mystiker, gest. 1209 in Schiras.

Bedil, Mirza, indo-persischer Dichter, besonders in Zentralasien beliebt, gest. 1721 in Delhi.

Chuschhal Chan Chattak, pathanischer Stammesfürst, größter Dichter in seiner Muttersprache Paschto, gest. 1689 nahe Peschawar.

Dara Schikoh, Kronprinz des Moghulreiches, mystischer Schriftsteller, hingerichtet 1659 in Delhi.

Dard, Chawaja Mir, Mystiker, schrieb in Urdu und Persisch, gest. 1785 in Delhi.

Daulatschah, persischer Literaturhistoriker, gest. um 1492 in Herat.

Dhu'n-Nun, ägyptischer Mystiker, gest. 859 in Fustat.

Dschahiz, Amr ibn Bahr, »der Glotzäugige«, vielseitiger arabischer Literat, gest. 869 in Basra. – Charles Pellat, *Arabische Geisteswelt*, übertr. von Walter W. Müller, Zürich/Stuttgart: Artemis, 1967.

Dschami, Molla Abdur Rahman, persischer Dichter und mystischer Theologe, gest. 1492 in Herat.

Ghalib, Mirza Asadullah, bedeutendster Urdu-Dichter des 19. Jahrhunderts, schrieb auch sehr viel persische Lyrik und Panegyrik, gest. 1869 in Delhi.

Ghazzali, Abu Hamid al-, bedeutendster mittelalterlicher Theologe, dessen *Ihya' 'ulum ad-din* das bekannteste ethische Werk ist; gest. 1111 in Tus (Ost-Iran).

Halladsch, Husain ibn Mansur, irakischer Mystiker, 922 in Bagdad hingerichtet; als Märtyrer der Gottesliebe gepriesen oder getadelt.

Ibn al-Muqaffa', arabischer Literat persischer Herkunft, Übersetzer der indischen Tierfabeln von *Kalīla wa Dimna*, getötet 756 in Basra.

Ibn 'Ata Allah, ägyptischer Mystiker des Schadhiliyya-Ordens, gest. 1309 in Alexandrien. – *Hikam*, »Weisheitssprüche«, in: *Bedrängnisse sind Teppiche voller Gnaden*, ausgew. und eingel. von Annemarie Schimmel, Freiburg: Herder, 1988.

Ibn Chaldun, nordafrikanischer Geschichtsphilosoph, gest. 1406 in Kairo. Seine *Muqaddima* gilt als Vorläufer der soziologischen Geschichtsbetrachtung. – *Ausgewählte Abschnitte aus der Muqaddima des Ibn Chaldun*, ausgew. und übers. von Annemarie Schimmel, Stuttgart: J. C. B. Mohr (Paul Siebeck), 1951.

Ibrahim Hakki Erzerumlu, türkischer Mystiker, gest. 1772.

Ibrahim ibn Adham, aus Balch stammender Asket, gest. um 777.

Iqbal, Muhammad, indo-muslimischer Dichter-Philosoph, »geistiger Vater Pakistans«, gest. 1938 in Lahore.

Kalim, Abu Talib, indo-persischer Dichter am Moghulhof, gest. 1651.

Kaschgari, zentralasiatischer Lexikograph, Verfasser des *Divan Lughat-i Turk*, gest. nach 1096.

Kisa'i, Verfasser der *Geschichten der Propheten*, hrsg. von I. Eisenberg; in guter englischer Übersetzung von Wheeler M. Thackston Jr., *The Tales of the Prophets of al-Kisa'i*, Boston: Twayne-Hall, 1978.

Kutadgu Bilig, von Yusuf Khassbeg, der erste türkische Fürstenspiegel, übers. von Robert Dankoff, Chicago 1981.

Mir Taqi Mir, größter Lyriker der frühen Urdu-Literatur, gest. 1810 in Lucknow.

Muhammad, der Prophet des Islam, dessen Aussprüche, echte und apokryphe, im *ḥadīth* vorliegen; gest. 632 in Medina.

Nasir 'Ali Sirhindi, indo-persischer Dichter, gest. 1689 in Nord-Indien.

Nasir-i Chusrau, ismailitischer Dichter und Denker, gest. nach 1072 in der Verbannung in Yumghan (Badachschan). – *Make a shield from Wisdom*, sel. and transl. by Annemarie Schimmel, London: Kegan Paul, 1993.

Naziri, indo-persischer Dichter, gest. 1612 in Ahmadabad.

Nizami, größter romantischer Epiker, gest. 1209 in Gandscha (Azerbaidschan). – *Das Alexanderbuch. Iskandarname*, Nachw. und aus dem Pers. von J. Christoph Bürgel, Zürich: Manesse, 1992.

Nusrat, indo-persischer Dichter, gest. 1726 in Khuldabad (Dekkan).

Pindar-i Razi, persischer Dichter, lebte um 1000 am Dailamitenhof.

Qadi Qadan, erster bekannter Dichter der Sindhi-Sprache, starb 1551 in Sehwan, Sind (Pakistan).

Qudsi Maschhadi, persischer Dichter in Indien, gest. 1640 in Kaschmir.

Rahman Baba, führender Paschto-Dichter, gest. in Peschawar nach 1707.

Rumi, Maulana Dschalaluddin, größter mystischer Dichter des Islam, schrieb in Persisch, gest. 1273 in Konya (Türkei). – *Mathnawi*, 8 Bde., hrsg. von Reynold A. Nicholson, London/Leiden: Brill/Luzac, 1925–40; s. *Masnawi*, ausgew. und übers. von Annemarie Schimmel, Basel: Sphinx, 1994.

Saadi, Muslihuddin, persischer Dichter und Schriftsteller, gest. 1292 in Schiras. – Friedrich Rückert, *Aus Saadis Diwan*, hrsg. von E. A. Bayer, Berlin: Müller & Mayer, 1893; Friedrich Rückert, *Saadis politische Gedichte*, hrsg. von E. A. Bayer, Berlin: Müller & Mayer, 1892; Friedrich Rückert, *Ausgewählte Werke*, 2 Bde., hrsg. von Annemarie Schimmel, Frankfurt a. M.: Insel, 1988.

as-Sabi, Hofsekretär und Verfasser eleganter Prosa am Kalifenhofe zu Bagdad, gest. 994 in Bagdad.

Sa'ib, persischer Dichter, lebte einige Zeit in Indien, gest. 1677 in Isfahan.

Salman-i Sawadschi, persischer Dichter, gest. 1376 in Tabriz.

Sana'i, Hofdichter in Ghazna (Afghanistan) und Verfasser des ersten mystischen Epos im Persischen, gest. in Ghazna 1131.

Sauda'i, Baba, persischer Dichter, gest. 1451 in Abiward.

Schah ʿAbdulkarim, Sindhi-Mystiker, gest. 1623 in Bullri, Sind (Pakistan).

Schah ʿAbdul Latif, größter mystischer Dichter des Sindhi, gest. 1752 in Bhit Shah (Sind).

Schibli, irakischer Mystiker, gest. 945 in Bagdad.

Süleyman Chelebi, türkischer religiöser Dichter, der das erste bekannte türkische *Mevlud* (Gedicht auf die Geburt des Propheten) schrieb; gest. 1419 in Bursa.

Tahira Qurrat ul-ʿAin, persische Dichterin, wegen ihrer Zugehörigkeit zum Babismus 1852 ermordet.

Talib-i Amuli, indo-persischer Lobdichter, gest. 1626 in Ahmadabad.

Tutinama, das »Papageienbuch«, aus dem Sanskrit bearbeitet von Nachschabi, gest. 1350 in Nord-Indien. – *Tuti Nameh. Das Papageienbuch*, aus dem Türk. von Georg Rosen, neu hrsg. von J. Christoph Bürgel, Zürich: Manesse, 1978.

ʿUrfi, aus Schiras stammender Dichter am Hofe Kaiser Akbars, gest. 1591 in Lahore.

Yahya ibn Muʿadh, persischer mystischer Prediger, gest. 871 in Ost-Iran.

Ziya Pascha, türkischer Dichter, gest. 1880 in Istanbul.

Zuhair, vorislamischer arabischer Dichter. – Übers. von Friedrich Rückert, in: *Ausgewählte Werke*, 2 Bde., hrsg. von Annemarie Schimmel, Frankfurt a. M.: Insel, 1988, Bd. 2, S. 171.

Zu den Bildern

Zur Aussprache

ʿ		mit Kehlkopfpressung, stimmhaft
ʾ		Knacklaut
ā	[a:]	langes *a*
ǧ	[dʒ]	stimmhaftes *dsch*
ḥ	[ħ]	stimmloses *h* mit Kehlkopfpressung
ī	[i:]	langes *i*
ṣ	[s]	starkes, nachdrückliches *s*
ṭ	[θ:]	ähnlich dem englischen stimmlosen *th*
ū	[u:]	langes *u*